勇敢層級

用 你 喜歡的方式，
活出 你 自己

紫嚴導師 著

目錄

目錄

——作者序

愛上自己，憶起與生俱來的勇敢

校園旁的磚牆上，浮現了一抹淡淡青綠色，走近一看，幾株稚嫩的小草從磚縫中伸展出來。我仔細觀察，左瞧右看，這裡並沒有讓它們扎根的泥土，缺乏雨水的滋潤，僅仰賴牆面濕氣供給少量水分，以及紅磚上細小的粗糙孔洞作為根系攀附的所在，便足以讓種子發芽、茁壯。

一顆種子，需要長時間待在陰暗磚縫中持續沉澱、累積能量，等待最適合的氣候及時機萌芽，當那一刻到來之時，它穿越了堅硬的紅磚牆面，冒出嫩綠幼苗，邁入下一個生命階段。

每個生命，終究會發生屬於自己的奇蹟……

天公不作美，雷聲轟隆隆地發出巨響，劃破了天空的寂靜。在我執筆撰寫本書這段期間，連續好一陣子下起了強烈的午後雷陣雨，造成大台北部分地區積水，可見雨勢來得極為迅速且猛烈，但磚縫中的小草，雖然看似柔弱卻無比堅強，它沒有向大雨低頭，儘管豪雨持續沖刷牆面，甚至打落了校園旁許多植物的枝葉，但那幾株磚縫中的小草依舊昂然挺立著，似乎正充滿自信地告訴我們：「即便身為一株小草，仍然可以勇敢無懼地在風雨中自在搖曳、向上生長。」

毋須他人的注目，小草持續成長，只為獻給大地盎然生機。小巧的嫩芽，猶如孩子的手，柔弱卻充滿韌性，哪怕只有一絲空間，也要萌發、茁壯。它們在磚縫中不畏艱難，最終，彰顯了可貴的生命奇蹟。

小草的生命歷程，面臨了生存的艱辛，遭遇過成長的困難，在風雨的鞭策中，大雨如瀑布般傾洩而下，但它擁有一股堅定的勇敢，在短暫生命裡無畏挫折，歷經了千錘百鍊，再以最完美之姿迎接明日的朝陽，時時刻刻都是充實、安穩。

人生這趟旅程，時而平順時而險峻，有時位居高處，有時則深陷低谷。或許，許多往事令你不堪回首，某些回憶，你刻意讓它變得模糊，曾經篤信人性本善、曾經執著以和為貴，換來的卻是……怨自己痴傻的傷心淚水。曾經的相信已然不再，因為傷害早已造成，總是從一次次的期待中落空……失望，再期待……又再失望……不間斷重複上演相似的劇情，令你身心俱疲，遺忘了該如何勇敢。

我不善於安慰人，卻能感受到你內心掙扎的聲音，知道你沮喪，明白你退縮，了解你無助，更深知你的苦痛與失落。也許，身處在熙熙攘攘的人群中，你的心格外顯得脆弱，以往的燦爛笑容，似乎隨著歲月悄悄溜走，曾經的天真，換來如今的世故；有時經歷得愈多，心反倒愈來愈累，總是那麼容易感到憂傷，不知何時才是盡頭，只剩下一幕幕刻骨銘心的往事，擁擠地堆積在腦海中，持續牽引你走進自我禁錮的高塔，以膽怯封住門窗，自此遠離了陽光。

其實，允許自己擁有陰暗的一面，讓壞心情暫時停駐一陣子並非懦弱，也可以用沉默作為無聲的抗議，即使無話可說也沒關係。但無論如何，千萬別丟失了「最愛的自己」。

勇敢，「不是」要你學習小草的頑強或奮鬥精神，更不是要你效法它們在「夾縫中求生存」，因為那已經不是你。一旦刻意模仿，只是把原有的膽怯鎖在心底的幽暗一角，再強逼自己去實踐、努力、勇敢，不斷激勵自己，就像猛灌提神飲料試圖取代嚴重不足的睡眠一樣，或每天早上起床對著鏡子裡的自己催眠喊話說：「我會成功！」、「我最棒了！」時間久了，終究會感到疲乏、倦怠。不管你有多麼堅韌或全副武裝，倘若總是扛得辛苦、覺得委屈、撐得難受，你的心，最終仍會潰堤崩塌。

我不擅長激勵人，只希望提供你如何勇敢的方法，不論面臨榮耀或屈辱、順境或逆境、成功或失敗、褒獎或責備，對應到自身情緒時，都能保有穩定平衡的「內心能量」，有別於以往被動任由情緒牽著走的慣性，懂得隨時對應各種情境發生因時制宜，讓心充滿柔軟彈性。讓我陪伴著你，穿透層層想法和情緒面紗，拭去隱匿在淚水中的悲傷，遇見現實世界和所有發生的真切樣貌，拾回豁達與自信，展現游刃有餘的勇敢，最後，毋須勇敢而自然勇敢，活出屬於你的自在和精彩。

小草的存在是奇蹟，你的存在更是值得讚嘆的美麗。

磚縫中的小草，為了生存，是如此堅毅地活著，即便身處再惡劣的環境，依然挺拔青翠。讓它持續屹立不搖的關鍵是「對自己的熱愛」和「尊重自己的特質」，因而能夠活出原有的樣子，不因風雨吹襲、烈日曝晒而退縮，所有想擊潰它、瓦解它、破壞它的種種挫折，都成為滋長它的養分。滂沱雨水供給了充足水分；強風襲擊順勢改變了生長方向，得以從磚縫中嶄露頭角；炙熱豔陽加速了光合作用，促使翠綠的小草更加茁壯……原本要它倒下的力量一一化為珍貴的淬鍊，令它愈發自信地向上成長。

你的一次呼吸，一個心跳，一抹微笑，對世界就是一份貢獻，對緣分，亦是一場難得的發生，讓人與人之間的關係持續緊密相連，如同你翻開這本書、見到這段文字絕非偶然，而是你我之間注定的交會。當你在閱讀時，我，彷彿正坐在你身邊，只為了你，敘述一段段真實的勇敢經歷，陪著你一起感受、學習；在「此刻」這個瞬間裡，你願意專注傾聽，我就繼續為你訴說下去。

你的存在無可取代，毋須成為別人眼中的完美，只需要安靜地做好自己，那麼，一切都好。

《勇敢層級》是我的第四本作品，一如過去幾本著作中所引用的個案，基於保護隱私，我在撰寫時使用化名，保留原始對話與細節描述，並請他們預先瀏覽書稿，獲得各章節主人翁的支持及同意後，才編撰成書。

挫折，是人生必經之路，如同打擊小草的風雨，終將成為啟發我們蛻變的養分。勇敢，從來不需要向外尋覓，因為，它本就與生俱來。無數個深夜裡，我一字字地敲打著鍵盤，單純想用一本書，靜靜地說故事給你聽，然後，在你闔上書之後的時間裡，也能熟記書中所傳遞的方法，勇敢穿越生命現場的每個發生。多麼期盼，你能隨著我走入不同勇敢層級，以更高的維度與視野俯瞰生命，拾回一塊塊勇敢拼圖，而後，用你喜歡的方式，完整原本最愛的自己。

親愛的你，試著去愛上自己，
然後要在愛裡，找到那個勇敢的自己。
當你憶起勇敢，轉身回首，整個天空都變得明亮了。
而我，會永遠、永遠在幸福這一端，等待著你……

——紫嚴

第一章

多希望，勇敢能與你如影隨形

勇敢期望，邁出第一步

巨大落雷穿越厚重雲層後，雷電交加，天空頓時風雲變色，下起滂沱大雨……

人的一生中難免會有失意，但堅信它禁錮不了你太久，因為我們未曾見過豪大雨能不間斷持續，當風停雨歇，彈指間迎來的必然是雨過天晴。

多麼希望，此生你能和勇敢如影隨形、緊密不離，走過風雨，迎向彩虹！

每個人對於自己，都有獨一無二的期待，憧憬著擘劃許久的美好前程，總有一天能如願降臨到生命裡。或許現在的你，正在心底深處殷殷期盼，希望有一天，所有願望終會一個個實現，包括：在工作事業上貢獻專才倍受肯定，同事間互助扶持，攜手拓展業務旗開得勝，順利功成名就；在感情上，能和有情人邂逅相識、相知相惜，進而共結連理，攜手相伴一生不離不棄；

在生活上，則能經濟無虞，過著賞玩藝術、露營踏青、環遊世界開拓視野的自由生活，抑或是在有形物質上隨心所欲，添購房產、名車、投資獲利……這一切，無非是希望讓自己跳脫現況，如願往下一個目標邁進，達到豐富自我生命的目的。

然而，從「此刻狀態」到「夢想實現」之間，彷彿存在著世界上最遙遠的距離，就像夜空中相互遙望的星星，彼此間沒有交會的軌跡。雖然說有夢最美、築夢踏實，但自己卻仍在原地停滯不前，似乎有一道難以跨越的鴻溝阻隔在夢想之前，經年累月之下，從原先滿懷理想初衷、訂定目標，逐漸演變成迷惘疑惑、缺乏自信，接踵而來的不安和焦慮感，一步步淹沒了你的雄心壯志，最後，只能勉為其難地自我安慰：「凡事隨緣、不須強求。」好讓內心獲得片刻舒坦。但你心中依稀明瞭，那份期待，未曾從心底消逝……

我深信，任何形式的發生都難不倒你。

還是你只想一直停留在原地？

唯獨付諸行動，混沌不清的未來才有了「開始」。

每一個人，或許都曾有過類似的經驗：勇敢作出抉擇轉換職場，到職後卻發現工作型態、人際互動或辦公室氛圍不如預期；向在乎的人表達關切之意，卻被狠潑冷水，澆熄了原先的滿腔熱情；維持多年的友誼，竟在一夕間遭到背叛倒戈甚至被造謠中傷；鼓起勇氣向摯愛允諾共結連理、廝守終身，豈料換來對方無情分手冷漠離去……我能理解，以往的你曾經勇敢抉擇，但結果卻未能如你所願，一幕幕的沮喪經歷仍在腦海中盤旋揮之不去，導致再次面臨新的機會時猶豫不決，在取捨、得失之間反覆糾結傷神，想要去做卻又害怕受傷的情緒如潮水般一波接著一波湧來，高漲到快要淹沒了自己。

然而，無論結果有多麼難堪、與原本的期待天差地遠，或是內心引發多大的痛苦、抗拒，都請記得：別急著為這場「突發」事件劃下註解。因為，往往我們信誓旦旦認定的「結果」，並不見得是最後的「結局」。

你，是否願意再次勇敢，朝向期望的未來，邁開嶄新的第一步？

理解脆弱，開始學會勇敢

墨色般漆黑的濃雲覆蓋天空，失去了先前的清透明亮。雨滴散落拍打著傘面，淅瀝瀝的雨聲猶如大自然的交響樂曲，微風中飄散著淡淡的下雨氣味。我結束上一個行程，抵達板橋車站，在迷濛雨中收起傘走進站內，通過高鐵驗票閘門，準備南下前往下一個行程目的地台中。

不一會兒，月台邊的警示黃燈亮起，顯示高鐵列車即將進站。眼看著疾駛而來的列車，我的心裡突然有預感：「這班車即將開啟另一道緣分的大門。」

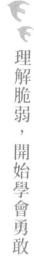

待列車停靠月台、車門打開後，我隨即走入車廂，邊看著車票上的座次號碼邊尋找位子，沒多久，找到了預先劃好靠走道的座位，相鄰靠窗的位置則坐著一位年輕女子。

當我靠近座位，女子抬頭匆匆一瞥，我向她點了點頭以示禮貌，她趕緊收拾擱置在座位中間扶手底下的面紙團，而後眼眶泛紅、不發一語地往窗邊移動身軀。我放好公事包緩緩坐下，待坐定位後便閉起雙眼，想靜靜地沉思片刻，但座位旁卻不時傳來陣陣啜泣、輕聲擤鼻涕及頻繁抽取面紙的聲音。

過了一陣子，聽到鄰座的女子小聲發出：「咦……？」和搓揉面紙袋的聲響，我忍不住睜開雙眼，只見她不斷在皮包裡翻找東西，左邊臉頰還殘留著一行淚水，想必是她的面紙用完了，於是我打開公事包，從中拿出兩包面紙遞給她。面對這突如其來的舉動，她不好意思地接下面紙對我點頭道謝，接著擦乾了眼淚，撐起手臂托腮望著窗外。

這名女子留著長及鎖骨的淡棕色中長髮，前額的斜瀏海微彎，襯托出鵝蛋臉及雙眼皮的輪廓，裝扮則是時下流行的韓風穿著。時不時以深呼吸緩和情緒的她，轉頭再次看了我一眼後，拿起手機若有所思地滑動並點開社群軟體。

當我喝完礦泉水剛把瓶蓋轉緊，她隨即遞來已開啟的手機螢幕，示意要我看裡面的內容。

「請問，這是您嗎？」她輕聲細語地問。

我低頭檢視螢幕，畫面上顯示的是我的FB粉絲專頁，我點頭回答說：「嗯，是我的粉絲專頁。」同時把手機交還給她。

「您看，我有按您的『讚』！」她以驚訝又開心的語氣說道。

我邊看邊對她點頭說：「感謝支持。」

鄰座女子說：「您在《緣來，就是你》的書裡寫到『所有的相遇，都是久別重逢。』今天有緣和您相遇，能不能私下請益您一個問題呢？」

我直白地說：「妳想問我為什麼這段感情會走不下去。」
聽我這麼一說，她面色凝重，垂眸猶豫了一會兒，才用力深呼吸一口氣說：「對。」
我說：「我能理解妳的感受，不只要獨自承受被心愛的人背叛的痛苦，更不知該如何向家人和親朋好友解釋這一切。」
她轉頭再抽出一張面紙，壓住眼角的淚水說：「我這趟回高雄，是為了要遠離觸景傷情的台北，希望獲得些許平靜。」
我點點頭說：「因為，妳難以忘懷那個片刻、那件發生、那一幕及那句話。」
她語重心長地說：「現在，或許只能等待時間帶走所有傷痛⋯⋯」
我說：「時間，無法撫平傷痛，頂多只能沖淡而已。」
她反問我說：「愛情到底是什麼呢？」
我真誠地說：「一旦愛上了，心就不屬於自己的；一旦被愛上，對方就捨不得放開你了，這就是人世間的愛情。」

此時，她緊握拳頭、略微顫抖地說：「他以前信誓旦旦地說愛我，到頭來卻竟然背叛我……」

我說：「一旦不愛了，什麼都不算數了。妳才剛拍完婚紗照，就面臨這樣的震撼課題，換作是誰都不會好過。」

她忿忿不平有些激動地說：「他的劈腿對象居然是我多年的摯友，這件事對我而言是晴天霹靂，更搗亂了我的生活和所有一切。」

我安撫她說：「妳可以盡情地傷痛，但別因為他而否定了自己的好。」

她急切地抓著我的手腕，問說：「您能夠幫我跟他復合嗎？」

我搖頭否決說：「一旦對方沒有愛，妳就注定走不進他的生命裡了。」

她氣憤地說：「我恨他們！」

我說：「愛，不該有恨。『愛』總是充滿幸福，『恨』卻令人痛苦。能被撿走的，表示這原本就不屬於妳。」

她難過地說：「可是，我放不下、丟不掉這一切，腦海裡全都是一幕幕的痛苦回憶。」

我說：「他失去的是一個真正愛他的人，而妳只是失去一個不懂得珍惜妳的人，此外，妳還獲得了嶄新的未來，重拾再去愛人的機會。」

只見她淚珠不斷滑落，握著拳頭反覆捶著大腿說：「我沒辦法，太痛苦了，太苦了……」

我說：「接受妳現在的情緒和感受，任由腦海浮現所有過往，不要過度苛責自己了，妳並沒有錯，只是脆弱。」

她深深吸了口氣、試圖平復心情後問說：「我是不是愛錯人了？」

我說：「不適合的人，再怎麼強求都無法長久。人生中的許多事，就像在網路上買衣服，即使賣家再怎麼詳細說明尺碼、剪裁，到貨時也可能有不合身的問題。而愛情，是親身經歷過後，才會真正懂得自己適合什麼樣的人。至於妳的未婚夫，目前還在滿意鑑賞期的階段，隨時都能退貨。」

她點點頭以認同的神情對我說：「那我要退貨，還好這個婚沒結成，否則我可能會遺憾終身。」

我說：「真正適合妳的是一個能為自己、他人負起全責的自信好男人，不像妳的未婚夫，上班不積極、做事不認真，凡事仰賴家庭作為後盾，即使妳勉強自己嫁給他也不會幸福。」

她隨即附和我說：「是啊！他真的很沒肩膀，大小事都是我在幫他處理，可是，我還是很愛他啊……」

話一說完，她轉頭面向窗外，默默擦著無法抑制的傷心淚水。此時依然下著雨，車外是一片淡灰色的天幕，雨水打在疾駛中的高鐵車窗玻璃上，雨滴如珠簾般灑落斜掃而過，披上了一層白濛濛的水氣，倒映出她脆弱又故作堅強的面容。

我對她說：「愛錯一個人，把對方當作真愛，那樣反倒會孤獨一生。每個人的心中，都存在著不為人知的過去和傷痛，也許，我們選擇隱忍內心的苦，但心底卻從來沒有真正放手，把自己牢牢困在過去的回憶裡，不斷反問自己：『怎麼會這樣？』、『我做錯了什麼？』、『為什麼要這樣對待我？』讓內心的傷痛反覆翻騰發作著。」

她繼續看著窗外，幽幽地說：「是啊，我到底做錯了什麼……他為什麼要這樣對待我？」

我說：「人世間的愛情，本來就是一場『酸苦甜混和的浪漫旅行』，只有甜的話，很容易膩，全是酸的會想迴避，都是苦的，則會讓人逃離。然而，妳的愛絲毫沒有因此而減少，只是該關注在對的人身上。」

聽完我的話，她回頭看著我說：「那麼，我要如何度過現在的痛苦呢？」

我說：「妳現在是『脆弱』，不是痛苦。」

她故作坦然地說：「好，我不哭了，都過去了！」

我說：「妳現在是『逞強』，不是勇敢。」

此時，她突然會心一笑地說：「您不愧是暢銷作家，前後回答只換了四個字，就把我的狀況說得一清二楚。」

我面帶微笑說：「最值得去原諒的人，是我們自己！」

她歪著頭輕聲地說：「可以不要給我這麼『官方』的回答嗎？」

我說：「我快到站了！」

她說：「現在連新竹站都還沒到，而且您一定是去台中。」

我不禁莞爾一笑，說：「妳比我還厲害，竟然知道我的目的地是台中。」

她有些得意地說：「女人的直覺向來很準確的。」

我說：「所以，妳抓到未婚夫和摯友私下密會、同遊澎湖三天兩夜的證據。」

她說：「沒錯，我只是觀察力比一般人好，您剛剛準備入座的時候手機螢幕沒關，上面顯示了您的目的地。」緊接著話鋒一轉，說道：「他們去澎湖玩就算了，竟然還睡在一塊！」

我問她：「妳的未婚夫手機向來都有上鎖，妳又是怎麼得知的呢？」

她說：「男人做壞事女人永遠都會知道，他沒責任感卻很狡猾，手機總是上鎖，保密到家。可是百密總有一疏，有一次他在某個餐廳使用手機，我先在他手機螢幕的指紋辨識處塗了一層薄薄的菜汁，讓他非得按密碼才能進入。」

我說：「所以，妳透過他背後餐廳裝潢的茶鏡玻璃知道了密碼？」

她欲言又止地說：「沒錯，手機裡全是他們的合照，還包括了……」

我意有所指地說：「花的『凋謝』發生了，它的『盛開』便成為一種過去。」

她問說：「所以，您是要我認命嗎？」

我說：「不，如果為了錯過暮光而啜泣，接著恐怕要錯失夜空中的群星。」

她又問：「那麼，您的意思是，還有新的對象等著我嗎？」

我說：「**人生中的任何一個階段，是『結果』，也可以是『過程』**。」

她困惑地說：「可以讓小女子我給您吃『翻譯蒟蒻』嗎？」

我說：「內心『抗拒』和『排斥』已經發生的事實，這份『痛苦』將『侷限』妳的腳步停留在原地，讓事實成為一種『結果』。」

她難過地說：「可是，我真的很痛苦。」

我說：「抗拒和排斥是引發痛苦的來源，不情願接受事實，沉溺在傷心、難過之中，如同身處在圍籬裡原地打轉走不出困境，這麼一來，便無法遇見未來的美好。」

女生點頭說：「對，我是在原地打轉。」

我繼續說：「走不出困境，就像『還沒抵達目的地突然在中途下車』一樣，難以抵達目標，成為心裡的『遺憾』以後就是『結果』。」

女生問：「所以，您的意思是，就算我遭遇未婚夫棄婚，在悲傷過後應該坦然面對，才不至於錯失下一個機會對嗎？」

我答：「對，『勇敢』接受現實，上天已經為妳鋪設好另一條『新路』。」

她俏皮地說：「請讓小女子再給您吃一塊翻譯蒟蒻。」

我說：「悲傷、難過、無助是『脆弱』，一旦接受了自己的脆弱，等同於對過去的傷痛釋懷，勇敢接受現實，能帶妳邁向嶄新的未來。」

她問：「如果，我已經提前下車，那該怎麼辦呢？」

我說：「『重新等車』就是『面對』，只要心中還有理想，方向就永遠不會消失。」

她若有所思地說：「我因為沉浸在悲傷裡失去了方向，如果再走不出來，反而會失去更多。」

我稱讚她說：「很有智慧。」

她說：「走出陰霾的最佳方法，是接受脆弱後的勇敢。」

我說：「非常好。所以，現在請妳盡情地傷痛。」

聽完我的話，她冷靜沉思了一陣子後說：「我在事發之後，總是會懷疑自己，還有覺得氣憤，可是我現在真的無法勇敢。」

我說：「**太多的不自信，促使我們裹足不前。妳不一定要勇敢，只要持續陪伴脆弱的自己就好**，去面對，不逃避任何不愉快的情緒。」

她說：「我覺得，脆弱的感覺像是一種自我保護機制。」

我贊同地說：「脆弱的確是內心的一種平衡機制。」

她說：「導師，要不是剛才給您的翻譯蒟蒻夠多了，否則我還想再給您一塊。」

我繼續說：「**脆弱像是自己心裡的一面『鏡子』，照映出更真實的自己**。透過這些經歷，內心所有的矛盾、衝突、陰影、恐懼會一一浮現，像是做完『身體健康檢查』檢驗報告上出現的警戒紅字，意味著我們需要重新審視和調整的部分，差別在於一個是心智層面的顯現，另一個則是身體的。」

她問：「所以脆弱是一種心理體檢嗎？」

我反問她說：「如果一個女生總是穿著黑色的寬鬆衣服，代表著什麼呢？」

她不假思索地回答：「代表這個人覺得自己胖！穿黑色衣服是為了掩蓋身材的缺點。」

我又問：「如果，她願意正視自己身材的缺點，內心會出現什麼症狀？」

她說：「脆弱！」

我再問：「如果她接受脆弱以後，又會發生什麼事呢？」

她說：「用運動、節食等方式來減肥，我們女人會做很多事來改變自己。」

我繼續問：「所以這樣會逆轉了原本的身材瑕疵嗎？」

她說：「當然，因為她接受了自己的缺點。」

我稱讚她說：「很棒。」

她慧黠地說：「您這是陷阱題，好讓我掉進您設下的陷阱。」

我問她：「需要我給妳一顆翻譯蒟蒻嗎？」

她答道：「您是暗示我應該要面對脆弱，故意用提問的方式導引我看到自己的盲點。」

我指著車窗說：「妳看，窗外的雨停了，陽光細細地灑落在稻田上。」

她靠近窗邊朝向車廂外看了看，說：「好美。」

我說：「灰濛濛的天空消失了，妳的心也該撥雲見日了。」

她望著窗外的景色說：「我的心現在舒坦多了，感謝有這個緣分讓我遇見您。」

我說：「接受脆弱的自己，乖乖地待在高雄療傷。明年，妳生命中最適合的另一半即將出現，見到他的時候，妳會心花怒放，但在遇到他之前，妳必須要重新勇敢，否則『過了這個村，恐怕就沒那個店了』。」

她無動於衷地說：「作家一開口，似乎只想帶給他人希望。」

我作勢將雙手交叉在胸前，語帶恫嚇說：「好，既然妳不想遇到，我就直接幫妳刪除未來的那個『他』吧！」

她緊張地抓著我說：「不要，拜託！」

勇於面對未知，的確可能經歷衝擊、不堪，但不去嘗試，怎能證明你行不行?!如果可以，我願為你拭去眼淚，讓我們一起再次重新出發，好嗎？

幸福，不在遠方，也不在夢裡，始終圍繞在你身邊。幸福，不是要起身去尋找，而是要用「心」去體會，它蘊藏在我們每一天的勇敢裡，每一分鐘的感動裡，以及每一秒鐘的珍惜裡。今生所有的相遇，都是久別的重逢，和知心好友在一起，很幸福；和愛人在一起，很幸福；和親人在一起，很幸福，在每天的分秒時光中，我們感受著所有的溫暖、熱情、愉快，也許偶爾會有悲傷、難過、痛苦或挫折的片刻，但這些其實也都是幸福的，因為，生命就是不間斷地去體悟、感受與經驗一切。

二〇一八年十月某天早上，天氣晴朗，萬里無雲，彷彿連上天也在祝福著「他們」的婚禮……

婚禮前夕，我的特別助理收到一則來自於FB粉絲專頁的訊息，展開了以下的一小段對話。

女子說：「您好，我是曾經在高鐵上和導師有一面之緣，被未婚夫劈腿棄婚的那個女生。很感謝當時與導師對談，除了度過人生低潮也讓我遇到了真命天子，如今我快要結婚了，想親自送喜餅過去，不知道是否方便？」

助理回答：「好的。您就是搭車到高雄，而導師是要到台中站的那位嗎？」

她回說：「就是一直要請導師吃翻譯蒟蒻，執迷不悟的女生。XD」

助理說：「恭喜您了！（附加灑花圖示）」

她說：「真的如同導師所說：『**接受了自己的脆弱，就能對過去的傷痛釋懷，勇敢接受現實，便可以邁向嶄新的未來。**』這句話，讓我的情感之路愈挫愈勇敢。」

助理說：「看您愉悅的口氣，想必對方是一位好男人。」

她說：「我現在的對象很有責任感，相處非常融洽，而且興趣相近，我倆無話不談。因為自己的勇敢、堅強，才能重拾信心遇到對的另一半。」

助理恭喜她說：「真的太幸福了！（附加愛心圖示）」

給摯愛的你：

當強風暴雨停歇，太陽從雲後探出頭時，將折射出斑斕絢麗的七色彩虹。我們不一定要和別人分出高下，但要「願意」比昨天的自己更勇敢。唯有「實踐」，才有實現的可能，同時，你會喜歡上今天的自己。

——紫嚴

勇敢小叮嚀

讓不如預期的「結果」，演進為「過程」

即使是晴朗的艷陽天，也隨時可能會有烏雲罩頂的機會，甚至猛然下起雷陣雨，令人措手不及無法閃避。我們都未曾見過始終風平浪靜的大海，如同人的一生必然有低潮的時候，也難免會有難過、脆弱、氣餒、意志消沉的時刻。沒有人能夠永遠保有自信，而是**在每一次的挫敗中嘗試學習，也可以說**

是從「膽怯」中摸索出另一種「可能」，這就是所謂的勇敢和成長。

或許，你對自己沒自信，經常否定自己。人之所以會「排斥」挫折、傷痛來到生命裡，是因為我們對人生抱持著「應該完美」、「應該順利」的想法，羨慕地看著他人的幸福、美滿、成功和享受，把自己納入其中相互較量，不允許自己更差，只能比別人更好，於是開始推演起十年後的人生樣貌，讓心裡的情緒堆得像山一樣高，聽著傷感的歌曲，回想過去的悲傷經歷，在厭惡、「自卑」中萌生一股認為自己很糟糕的感受，持續把自己困鎖在低潮中，無法自拔。

其實，我們眼中許多「過得很好的人」，只是「勇敢」接受了現實，因而脫離自我設下的困境，再自然地鋪設出另一種新的可能，繼續朝新的方向走下去，當然，你也可以！

有時最傷人的，不是那些曾經的遭遇，而是放不開的回憶和糾結，所以，不過度地苛責自己，同時容許自己適度犯錯，因為錯誤能教會我們更多事情，愈早遇到挫敗並接受它們，往往就會離成功愈近。**勇敢接受現況，坦然重新面對，讓「結果」演進為「過程」**，歷經挫敗後調整方向，反倒能讓原本看似困難的事情明朗化，慢慢地，你將學會今天的自己比昨天更勇敢一些，更深信自己將開拓出一條充滿無限可能的希望之路。

給摯愛的你：

我理解你默默承受著許多苦，當中有酸有澀，更多的是暗自隱忍、反覆糾結的心痛。但若把時間拉遠來看，你所認為的「結果」，只是其中的一個片段，在勇敢接受、坦然重新面對後，所謂的「結果」終將熟成為「過程」，更是生命中不可或缺的養分。

毋須羨慕或渴望他人的勇敢，因為，每個人都具備這項天賦。或許，你只是還沒有與必須要勇敢的故事相遇。一旦面臨到了，相信，那時的你，會為了自己再勇敢一次！

多希望，勇敢與你形影不離，讓勇敢引領你穿越層層挫折，無拘無束追尋生命中屬於自己的精彩。

——紫嚴

第二章

你，是懷抱著勇敢，再次抵達這世界

每一個人，都因「愛」而勇敢

隱約聽見，你在心底對自己呢喃著，不知該如何找回勇敢，遙遙在望卻無法接近，感到不知所措。

其實，每個人的勇敢皆是與生俱來，伴隨著你從未離開。它像是漁船夜航時始終光明照耀著的一座燈塔，只要不選擇背對，它就一直在你前方。

世界上所有人和萬事萬物，無時無刻不在變化，沒有什麼會永遠不變，無論是心理或生理層面。對我來說，那些改變都是美麗的，許多過往的「發生」像是一道道絢爛彩虹，促使我們孕育出新的思維，每段刻骨銘心，只是凡塵往事中的一縷輕煙，每個逝去的日子，終將熟成化為智慧，促使人們重新創造幸福的未來。

時間，如小河般流淌到這一年的秋天，在暖陽照映下，我帶著微笑趕赴每個行程，持續忙碌且盡情享受季節的更迭。某天下午，結束了外出行程，計程車載我回到永和，在全聯福利中心門口前下車，正準備步行返回服務處時，映入眼簾的是公車站牌旁一對熟悉的母子身影。我走向前想去打聲招呼，就在距離他們不到五公尺的時候，眼前這個國小六年級男孩的舉動，讓我停下繼續前進的腳步，靜靜地站在人行道上看著他們。

男孩貼心地拿出水壺說：「媽，您忙了一整天，喝口水吧！」

母親接下水壺，微笑地說：「今天晚上，我準備了你愛吃的炒羊肉。」

男孩興奮又開心地說：「耶！是炒沙茶的嗎？」

母親喝了口水，帶著笑容說：「沒錯！而且早上你上學之後，我就先把肉醃製好了。」

接著，男孩拿出一條小毛巾說：「媽，這個給您擦汗。」

母親又說：「還有，你老爸規劃明年帶我們全家出國玩。」

只見男孩興高采烈地抱著母親說：「太棒了！」

此時，母親注意到在旁靜靜觀看的我，趕緊向我揮手打招呼，於是，我走近這對母子，加入了他們的對話。

母親說：「紫嚴導師，真巧，好久不見。您這個時間不是應該在服務處忙碌，怎麼會到大街上呢？」

我說：「我剛從台北市結束外出行程，一下車就見到熟悉的身影，本來想打聲招呼，卻先看到了你們的溫馨互動。」

男孩禮貌地對我說：「導師，您好。」

我對著男孩點頭示意，肯定地說：「你好，你現在變得善解人意，也更加貼心了。」

母親說：「是啊，記得當初向您請益時，他才只有國小二年級。」

我說：「他轉變了不少，令人感到欣慰。」

母親說：「他現在課業和成績表現都讓我非常滿意，平時還會主動幫忙整理家務，連父子關係也都改善了。」

我讚許她說：「妳辦到了！」

母親說：「多虧您那幾句話，讓我們一家人重拾歡笑，而且還讓我找回以往愛畫畫的興趣。」

我面帶微笑說：「妳和先生，才是家庭幸福的幕後最大功臣。」

話剛說完，公車正好抵達，母親趕緊對我說：「導師，公車到了；我已經安排好宅急便寄送老欉文旦給您，希望您會喜歡。」

我向她致意說：「感謝！」

眼看孩子扶著母親步上公車，兩人笑容滿溢向我揮手道別，這一幕直到現在仍令我記憶猶新……

多年前，這位母親陳太太，因兒子的管教問題經常與先生發生爭執，她總覺得先生對孩子的教育不夠用心，只顧著沉浸在自己的興趣嗜好中，把照顧下一代的責任全都推給她，更認為先生在家庭關係中只像是一位陌生的房客，除了支付日常開銷以外，幾乎沒有任何實質貢獻，以致於孩子從幼稚園大班開始，行為和個性變得愈來愈浮躁，經常喋喋不休、容易分心，偶爾在學校還會蓄意破壞同學攜帶的物品。接獲老師告知後，陳太太開始陷入神經質的管教模式，寄望透過嚴格約束讓孩子有所轉變，但在一次次強勢鞭策要求下，孩子的情況未見好轉，反倒逐漸撕裂了母子關係，在不到半年間彼此變得難以相處、互動，情況岌岌可危。

快樂的歡笑聲總是允許喧鬧；打罵的嘶吼聲總是令人折騰。何不讓家成為一個充滿愛的輕鬆所在，卸下沉重偽裝，在「愛」中做回勇敢的自己。

後來，陳太太經由弟妹引薦前來請益，我的特別助理開門時，只見到一位氣喘吁吁的母親和一個硬生生被母親拖來、摸不著頭緒的孩子。

這位剛上國小二年級的小男孩，一見到我，露出疑惑表情，上下打量著眼前這個藍衣男子究竟是什麼身分。我看到他極短的手指甲上，佈滿多處破皮及小疤痕，可見是長期啃咬指甲、撕手皮所造成，短袖制服上衣的衣角，則有著清晰的三角皺褶，想必是因為慣性揉捏衣角的關係。

陳太太無奈地說：「紫嚴導師，我的孩子有著很嚴重的問題。」

我安撫她說：「孩子的眼光裡還保有純真，除了有些膽小、情緒不穩定以外，其他問題並不大。」

陳太太略微激動地說：「可是，他總是無法安靜下來，容易分心還經常碎碎念！」

我看著陳太太說：「妳的孩子很乖，現在，我只看到一個焦慮不安的母親。」

見她沉默不語，我緊接著說：「孩子總是比我們認定的更加獨特，身為家長，何不把腳步放慢下來，陪孩子一起去感受他的世界呢？」

陳太太擔憂地說：「學校老師說他注意力有狀況，我不能放任他不管。」

我問陳太太：「如果，妳的母親要求妳別這樣折磨她的孫子，妳會聽嗎？」

陳太太斬釘截鐵地說：「不會。」

我又問：「那要怎麼說，妳才會聽呢？」

陳太太說：「總要先體諒我帶孩子的辛苦，畢竟事出必有因，一昧責備我的話，我保證拒絕接受。」

我說：「那建議妳換個身分看待，目前孩子心裡的期待，其實和妳一樣。」

陳太太問：「把自己想法放在一邊，陪著孩子感受生活嗎？」

我答：「對！」

陳太太為難地說：「可是我無法控制自己，一心總是想去『幫』孩子，好讓他贏在起跑點上。」

我說：「妳愈想幫助孩子，結果必然會每況愈下。」

陳太太問：「那我該怎麼辦呢？」

我說：「引導孩子去『熱愛』學習，包含人際關係、學業及日常習慣養成。」

陳太太說：「問題是他變了，也愈來愈不愛學習了。」

我說：「如果，他成長在一個『鳥語花香』、『如詩如畫』的家庭，任誰都會變得熱愛世界，也願意勇敢探索未來。」

陳太太頓時愣住，困惑地問：「鳥語花香、如詩如畫？」

我說：「能擁有一對相愛的父母，一個清爽無壓迫感的成長環境，就是所謂的鳥語花香、如詩如畫。想像一下，如果妳出生在我剛才說的家庭環境中，會有什麼感受？」

陳太太說：「會感受到幸福。」

我問：「那麼，會更願意學習嗎？」

陳太太說：「自然會有意願學習。但我先生只像個跟我和孩子同住的室友一樣，總是放任孩子不管，這不是我一個人能夠改變的事情。」

我說：「只要你們兩個大人的性格轉變了，孩子自然也會改變。」

陳太太問：「孩子的轉變，和我們大人有什麼關係呢？」

我說：「如果，妳成長在父母極為相愛的家庭，肯定會很有安全感，連同教育方式也會跟著不同，孩子將注定熱愛學習。」

陳太太贊同我說：「是，我的父母的確經常吵架，讓我沒有『安全感』和『歸屬感』。」

我說：「加上妳先生從小成長在父母離異的環境，導致他當上父親以後也和孩子之間有著莫大的『疏離感』。」

陳太太說：「是這樣沒錯，我先生從小父母離異，他是由母親一手帶大的。」

我把頭轉往孩子的方向示意說：「妳看，孩子咬指甲，其實是為了安撫自己容易緊張、焦慮的行為。」

陳太太說：「但我罵了、教了，全都沒有用。」

我說：「用喝止、懲罰、命令的方法教導孩子，不僅沒有幫助，還會加深孩子內心的焦慮感，導致心情變得更加低落。咬指甲這種行為只是孩子情緒的一種出口，為的是轉移注意力。想改變，可以從培養多項運動習慣、舒緩焦慮開始著手，讓他從多元方式中探索到平衡內心的方法。身為大人的我們，只需要蹲下來，用同樣的角度和孩子一起看世界。」

陳太太困惑地問：「為什麼我們一家人都怪怪的呢？」

我說：「所有的問題，就像徒手拿『蛋捲』一樣。」

陳太太問：「所以，是需要一個盤子裝，否則蛋捲會掉得滿地都是嗎？」

我答：「不是。」

陳太太又問：「那麼，是因為蛋捲的碎屑會沾手，得用衛生紙擦嗎？」

此時，在一旁的孩子突然回答說：「是因為會碎掉。」

我說：「孩子答對了，就是『脆弱』。」

陳太太不解地問：「脆弱？」

我說：「問題的根源，來自於根深蒂固的社會價值觀束縛，促使我們認為孩子一定要傑出成材，老公必須兼顧事業家庭，自己則非得要幸福又能長保青春美麗，假如無法得償所願，便會讓我們的內心開始變得『膽小』，很多時候暗自悶著把情緒放在心中，默不吭聲。」

陳太太問：「所以，膽小是因為自嘆不如嗎？」

我說：「是因為『脆弱』，所以無法接受事實。**一旦選擇迴避自己的脆弱，就容易戴上偽裝的面具。**」

陳太太又問：「怎麼說呢？」

我說：「**不允許自己有脆弱的感覺，便會想方設法企圖『改變』他人。**比如：妳常用冷漠方式回擊先生對家庭的漠不關心，用碎念逼迫孩子守規矩，又像跟屁蟲似地寸步不離在孩子背後幫助他，一堆要求、規定、言語脅迫和激將法，都來自於妳的擔心與焦慮。」

陳太太疑惑地說：「這麼說來，是因為我逃避脆弱，才導致這一連串的負面行為嗎？」

我說：「我們為了掩飾自己的脆弱而戴上偽裝面具，用另一種『姿態』去應對問題。」

陳太太問：「這有什麼不妥嗎？」

我反問她：「如果，一個溫暖的家需要戴上面具才能生活，會演變成什麼樣的情況呢？」

陳太太思索了一會兒，說：「不就……可能會產生更多誤會？」

我說：「對，所以妳先生只能抱著得過且過的心態，盡可能地逃離妳的視線，好獲得片刻輕鬆。最可憐的其實是孩子，因為一直被妳關注，造成他只能不斷壓抑情緒，在家裝聽話卻用啃咬指甲的方式宣洩焦慮，到了學校則是破壞同學的物品，導致人際關係不佳。」

聽完我所說的，陳太太一時語塞。我繼續對她說：「妳不覺得還沒有結婚前，日子過得輕鬆又快樂嗎？」

陳太太說：「真的，少女時期的我可是大剌剌的，每天都過得很愉快。」

我說：「過去的妳因為角色單純，所以沒什麼煩惱，然而，妳在結婚後對未來抱持的『寄望』，讓妳不由自主地想要跟他人較量，反倒在自己身上看見了更多脆弱和不足之處。」

陳太太說：「所以，這種脆弱和不自信感，讓我對現況更加不滿意，甚至開始排斥先生、控制孩子嗎？」

我說：「你們因相愛而結婚，卻又因脆弱產生誤解，導致一連串的家庭、親子問題。**當這份不確定的感受愈大，又故作堅強試圖想要去掌控、逃避內心的不自信，反而讓自己變得愈加脆弱。**」

陳太太問：「那麼，我該如何處理自己的脆弱呢？」

我說：「先從『愛』自己開始，**不愛自己的人，難以做到真正的『勇敢』**。」

陳太太說：「是因為對自己產生了懷疑嗎？」

我說：「對，一旦開始自我懷疑，便失去了『信賴』。」

陳太太若有所思地說：「當初我和先生是因為相愛而結婚，有了孩子後開始和先生出現相處上的摩擦，造成內心的不自信，對先生的愛也因此逐漸消逝了。」

我提醒她說：「接受自己的膽怯、焦慮，自然而然會對孩子採用另一種身教模式。」

陳太太問：「這麼一來，會有什麼樣的不同呢？」

我答：「妳不會想要去『幫』他做好事情，而是『讓』他自己去完成。孩子在不斷處理挫折的過程中，能培養出更高度的自主性及抗壓性。」

陳太太說：「放手，讓孩子自己完成他自己。」

我說：「對，**每個孩子都擁有獨一無二的特質**，就好比鳥兒會飛、天鵝會滑水、貓會攀高、毛毛蟲會結蛹羽化成蝶一樣，每種生物都在發揮自身特質完成自己的生命。愈是侷限孩子，他的特質愈難以獲得彰顯，就像妳原本愛畫畫，卻因為婚後的瑣碎事務，導致自己無法發揮這項才華而放棄了。」

陳太太思考一陣子之後，說：「我真的該放手讓孩子去做而不是我幫他做好，讓他體驗從挫折中學習的教育。」

我說：「從失敗中體驗的苦澀，能鍛鍊和激勵他們面對下一次的挑戰，如果妳預先幫他處理好，將導致孩子失去學習的機會。」

陳太太不捨地說：「可是，我們當媽的就是愛孩子，總希望能為他們多承擔一點啊……」

我說：「身為家長最好的教育方式，是『鼓勵』孩子去想辦法解決困難。」

陳太太說：「因為愛他，所以會心疼。」

我直截了當地說：「那不是愛，而是害怕。」

此時，陳太太突然茅塞頓開，坦然地對我說：「如果我的內心不再害怕，確實能放手讓孩子去勇敢嘗試，那份心疼，純粹只是因為我內心的不勇敢所造成。」

我說：「對，接受自己的焦慮，因為當妳開始勇敢『愛』自己，孩子自然會感受到而跟著勇敢起來。」

陳太太內疚地說：「孩子會咬手指，我要負起很大的責任，因為我一直不停地碎念，導致他的心裡變得不安。」

我鼓勵她說：「傾聽孩子的聲音，也給自己多一點時間。」

陳太太問：「那我和我先生之間，又應該怎麼辦呢？」

我說：「**每個人來到世間，皆是因『愛』和『約定』再度前來。**」

陳太太說：「說句真心話，我真的很愛先生和孩子，一切的問題其實都源自於自己的懦弱。」

我說：「不，如果妳願意**用心去愛，必然勇敢**。」

陳太太說：「**著墨在『脆弱』無濟於事，有愛，就一定勇敢**。」

我說：「有一部電影《大話西遊》裡頭有段經典對白：『曾經有一份真誠的愛情擺在我的面前，但是我沒有珍惜，等到了失去的時候才後悔莫及，塵世間最痛苦的事莫過於此。如果上天可以給我一個機會再來一次的話，我會跟那個女孩子說：『我愛妳。』如果非要把這份愛加上一個期限，我希望是，一萬年。』」

陳太太說：「說到這部電影，我印象很深刻。」

我說：「對，所以我們從來沒聽過別人說：『如果上天能夠給我一個機會再來一次的話，我會對那個女孩子說：『接受脆弱』吧！』」

陳太太恍然大悟地說：「所以，脆弱不重要，有愛，終會勇敢。」

我說：「沒有愛，容易導致脆弱，一旦脆弱了，便會引發不自信，又因為不自信而讓人裹足不前，最終將一事無成。」

陳太太說：「愛自己，就會擁有信心，當全家人都懂得愛護自己和家人，整個家自然會變得『鳥語花香』、『如詩如畫』。我終於找到方法破解自己原生家庭世襲而來的不幸福了！」

我說：「回去以後，餵妳的老公吃水果。」

陳太太訝異地說：「他又不是猴子，為什要我餵呢？」

我翻了個小白眼，勉為其難地說：「可以暫時把他當成是妳深愛的猴子嗎？」

陳太太笑著說：「好啦！」

我說：「我深信，**孩子看到父母之間相愛，會逐漸產生『歸屬感』**，也會期待自己長大。」

陳太太驚訝地說：「我怎麼從來沒想過，我和他爸爸不相愛，他又怎麼可能會對未來有夢想呢?!真的千錯萬錯都是自己的錯，沒從成長經驗裡記取教訓，還差點把這份不幸福複製到孩子身上了。」

我說：「**『愛』能讓人從沉重生活中重新探出頭來，找到屬於自己的步伐。曾經脆弱的，因愛變得勇敢了，再因愛，讓心變得柔軟。**當一個家庭有了愛，便會心隨花開，因為愛擁有著神奇的力量，能讓自己和他人變得幸福。」

勇敢小叮嚀

無條件的愛，讓人愈發勇敢

關於愛情……
你是天邊的雲，我說不出口的依戀；
你是那片清澈湖泊，當我孤獨時，對我泛起一抹溫柔微笑，
在我不安的靈魂裡嫣然綻放。
漂泊，只為了遇見你。

因為，那是我最想奔赴的港口。

許多人心底最渴望擁有的，必然是愛情。孤單的心，總是盼望有個伴侶得以依偎，一掃人生孤寂的陰霾，更渴望著從此能夠相知相惜，攜手共度一生一世。

但是，我們以為的愛多半屬於私愛，更像是一種欲望，剛開始相遇時彷佛電光石火般，剎那間觸發彼此的熱情與悸動，但在相處過後，卻難以維持恆常不變的溫度……

世間男女的愛情，是互相「倚賴」的愛，當這份愛一旦變質了，原本給予的承諾也會隨之改變。唯有兩個人都明白何謂「珍惜」的時候，它才有可能暫時停留。

另一種「愛」，近乎是無條件的愛，有別於一般的兒女私情，它不是倚賴的愛，也並非是盲目的愛，更不是放低姿態委曲求全地去取悅、滿足他人的愛。而是能在「**差異中給予包容**」，愛那個人原本的模樣，接受對方與我們的不同，毫無勉強全然接受對方的一切，並且「**不企圖獲取回饋**」，在付出中具備分寸和智慧，不在乎能否從這份愛裡獲取利益或讚賞，這，就是無條件的愛。

之所以能**因「愛」勇敢，源自於當中的愛屬於「本質」**之愛，亦是無條件的愛，它能使你堅硬冰封已久的心靈融化，變得柔軟溫暖，也能讓人更有活力和朝氣；它是與生俱來的本質，一種觸發你去完整自己的力量，進而帶領你一一拾回各個層級的勇敢。

用這本質的愛，先去「熱愛」漠視已久的自己；**當我們能無條件地愛著自己，才能真正明白何謂無條件的愛，而後無條件地去深愛他人。其中的「過程」，就是因愛而無所畏懼的「勇敢」**，為的是繼續你我尚未完成的一切……

給摯愛的你：

你我重遊人間，無非是因「愛」而「勇敢」地再度前來，因為，一切仍舊未完待續……

——紫嚴

在挫折中，綻放勇敢光芒

彷彿是夜空中的點點繁星，每個人，都在孤單中隻身旅行。愛人是一種緣分，而被愛卻是一種「注定」。

愛你，就想去呵護你！愛你，就想去關心你！在愛的過程中，付出了真心，即使對方只給出一抹淡淡笑容，便能感受到無比幸福。

被愛的人，在被愛的過程中，接受著對方的寵愛，就算只是一句短短的關心，也能讓人感受到滿心喜悅。

愛人是一種緣分，被愛卻是一種注定，即便在夜空中相遇，終將會有分離的一天……

許多人嚮往著自己能夠享受「被愛」的人生，那是一種輕鬆無負擔的滿足感，讓人從沉悶生活的壓力中獲得紓解，毋須勞神費力。不過，這麼一來，容易造成自我侷限及自我麻痺，導致個性無法成熟難以獲得「成長」，心理在缺乏「同理愛」的條件下反倒更顯脆弱，逐漸無法對自己的所作所為負責，不自覺地一味把過錯怪罪在別人身上。然而，對方遲早會隨著時間流逝，出現始料未及的變化。

某首歌裡有這麼一段詞：「被愛是幸福，愛人是痛苦。」其實並不盡然。我們應該回到和自己的關係本身，**當你懂得珍愛自己，重視內心深處的價值和感愛，才能無畏地去付出愛與接納愛。唯有真誠地愛上他人，才能開始改變自己。**由衷地付出心力去愛，讓我們能夠超越以自我為中心的框架，真切地承擔所有的際遇與發生，不斷從中獲得成長及完整自己的機會。

來到人世間，不論是親情、愛情或友情，當中必然有著學習「愛」和「被愛」的課題。一旦扮演過這兩種角色，對於那些與你相遇過的人、經歷過的事，你會漸漸地感受，慢慢地釋懷，時間，將教會你如何在愛中愈加勇敢，而後深刻體認到：「**在愛與被愛之中，感謝有『你』的存在！**」

用接納，穿越痛苦困境

穎瀅成長在一個小康家庭，是家中唯一的獨生女，母親是家庭主婦，父親任職於某國營事業。看似平和幸福的生活，卻在二〇〇八年中秋節前夕變調，主因在於父親不堪新任上司的排擠、羞辱，長期處於被邊緣化的狀態，受不了內心高壓憤而提出離職申請。辭去職務的他頓失鬥志，整天待在家中，沉溺在受害者的情境裡，過著日夜顛倒、飲酒度日的生活，也斷絕了與朋友的聯繫，獨來獨往，不再與外界互動。

一年多後，穎瀅的母親眼看所剩老本幾乎用盡，經濟陷入拮据，不得已只好著手尋找工作補貼家用。她憑藉著多年來的家管專長，應徵上台籍幫傭，自此家中收入全仰賴母親和穎瀅兩人支撐，每個月扣除房屋貸款、生活開銷、交通費後，剩餘的錢卻被父親用來買醉和小賭，日復一日。在父親離職後，原本無憂無慮的生活瞬間變調，可想而知母女倆與父親的爭執、言詞衝突自然接踵而來，為了避免持續謾罵毫無止息，兩人轉而用沉默來應對父親，表達無言的抗議，全家陷入零互動、零溝通的模式。穎瀅心疼母親在婚姻中不愉快的遭遇，自己卻無能為力，二〇一二年在同事的引薦下前來找我請益。

穎瀅無奈地說：「紫嚴導師，我唯一的期望是父母能儘快辦理離婚，讓媽媽輕鬆度過下半輩子，別再遭受父親的折磨對待，這個家已快要不像一個家了！」

我說：「我能理解妳的母親正處在痛苦時期，也明白持續隱忍下去，勢必會引發精神官能症。」

穎瀅說：「確實是如此，我的母親對人生早已絕望，不時會莫名陷入低潮獨自哭泣，身體健康也亮起紅燈。」

我說：「不過，離婚並非是最佳的解套辦法，妳難道不擔心萬一離婚後，父親會加倍厭惡自己，更加一蹶不振嗎？」

穎瀅說：「老實說，我真的無力去理會他。我並沒有對父親不孝，起初他沒工作時，我協助他投遞履歷，但就算獲得了面試機會，他連去嘗試看看都不願意；他的朋友好意要引薦工作機會，也被我父親無情地推辭，時間久了，沒有人能忍受他的怪脾氣。」

我同情地說：「原本性格柔軟的妳轉變成現在的憤慨，相信妳一定受了不少折磨，包括對父親的無力感、對母親的心疼憐惜，還有對未來家庭狀況的憂心。」

穎瀅說：「我憤慨很久了，也換不回過去那個正常的家庭，也許離婚對他們彼此來說是最適合的解脫方式，拜託您幫忙給予建議。」

我說：「首先，妳的父親不會貿然同意離婚，一旦離婚，他將失去最後的依靠。另外，妳的母親也難以狠心拋下父親，跟妳另外租屋生活，這一條路不可行。」

穎瀅著急地說：「難道我們要跟父親一起繼續沉淪下去？如果有一天我出嫁了，只剩下母親獨自一人和父親居住，要我怎麼能放心呢？」

我問：「妳還記得父親離職之前的家庭生活嗎？」

穎瀅答：「記得，我擁有一個善良、和藹的好父親，媽媽雖然是家庭主婦，卻有一群好友，幾個姊妹淘經常一起鑽研廚藝。每晚我工作返家後，餐桌上總擺滿她親手燒的好菜，一家三人有說有笑一起用餐，再吃著飯後水果，享受茶餘飯後閒話家常的溫馨時刻……但，這一切都已回不去了！」

我繼續問：「那現在呢？」

穎瀅說：「現在我下班回到家，只見到父親像個糟老頭子，兩眼渙散直盯著電視螢幕，手上的酒杯不間斷地往嘴裡送；母親工作回家以後還要打理家務，她的背影充滿著落寞哀愁。晚上媽媽常到我房裡一起就寢，我明白她想遠離父親，以往的甜蜜家庭早已不復存在。」

我問她：「穎瀅，妳相信每個人來到世間，是帶著愛和勇敢而來嗎？」

穎瀅思索許久之後，回答我說：「應該相信，但是現在的我感受不到任何愛。」

我正視著她說：「穎瀅，妳的父親仍舊深愛著妳和母親。」

聽見我說的話，穎瀅沒有回應，只是凝視著我卻不願表示任何意見。

我繼續說：「妳父親在職時，飽受來自不同派系的新任主管欺凌、邊緣化，受盡冷酷逼人的羞辱以致於自信心嚴重受創，在無法解套的情況下只能選擇憤而離職。正義感強烈的他，化解不了那道深可見骨的傷痕，只能自我放逐，囚禁在自怨自艾的情緒裡，慢慢地用依賴少許酒精的方式，麻醉過去的痛苦經驗，日積月累下染上了酒癮。他非常清楚家庭的經濟每況愈下，私下曾面試過工作卻不順遂，才變相透過小額賭博想多帶給家庭一份收入。也許妳覺得他以賭養家是痴人說夢，但卻是他自認為最容易賺到錢的方式。」

穎瀅忿忿不平地說：「這麼說難道是我們活該嗎？要承受他的禁不起挫折和自我放逐？」

我說：「不，假如有一天妳出嫁，被惡婆婆無情對待導致離婚，返回娘家長住，妳的父母難道會對妳說家門不幸，為什麼全家要一起承擔妳的婚姻挫折嗎？」

穎瀅說：「我相信他們絕對不會這麼做。」

我反問她：「那麼，現在妳和母親怎麼會一起聯手排擠在職場受挫的父親呢？」

穎瀅固執地說：「那是因為他借酒澆愁，不願意面對事實。」

我說：「所以，妳希望用離婚的方式讓母親好過也讓父親振作，以妳的聰明睿智去思考一下，有沒有可能呢？」

穎瀅再次以沉默的表情回應我：「不可能。」

我繼續說：「妳要做的，是去**接受**父親面臨已久的低潮和酗酒習慣，既然有緣同為一家人，不妨**一起面對問題，讓痛苦成為一個曾經和過程**。如果妳和母親持續抗拒下去，父親將終其一生走不出自我囚禁的牢籠，到時會成為另一種遺憾。」

穎瀅問：「如果我和媽媽接受父親，結果會因此而逆轉嗎？」

我肯定地說：「會，妳也將不再見到那個整天醉醺醺的父親，他甚至會奮發圖強賣力工作。」

穎瀅露出驚訝又高興的神情，說：「好，就這麼說定！我今天回去就馬上接受，並說服媽媽一起鼓勵父親。」

我語帶保留說：「但是，有一件事情，恕我無法提前告訴妳。」

穎瀅開心地說：「沒關係，沒有什麼事比父親可以好起來更重要。」

我意有所指地說：「人們總認為在幸福的氛圍中才感受得到『愛』，一旦面臨低潮被情緒綁架時，卻選擇漠視『**愛並沒有消逝**』這件事，一切，只是被情緒遮蓋了。」

穎瀅有些困惑地說：「導師，我們是人不是神，雖然不太清楚您的意思，可是您說的我會認真思考。」

我說：「買書，不該只關注在書名而衝動購買，更不該在購買後只欣賞封面，卻不仔細閱讀內頁。」

穎瀅說：「導師，我知道您這句話是比喻要我看透父親的情緒內頁，深入體諒他的內心感受，我懂的。」

我感嘆地說：「聰明，可惜妳卻做不到。」

穎瀅充滿信心地說：「我會努力！」

我說：「半年後妳父親自然而然會戒酒，他有可能會開早餐店來維持家計，接下來……世事無常多變，切記，妳務必要珍惜！」

穎瀅心滿意足地說：「這樣就已經足夠，我終於放下心中大石了。」

我正色對她說：「穎瀅，我最後再問一次，妳相信每個人來到世間是帶著愛和勇敢而來嗎？」

穎瀅肯定地說：「我相信！」

請益完後，穎瀅臉上掛著微笑、揹起側肩皮包，有禮貌地靠攏椅子後踏著輕盈步履離開。我的思緒卻仍然停留在剛才的對話裡，陷入一陣沉思，深感遺憾著：**世間有多少人看不透情緒面紗，殊不知隱藏在厚重面紗下的愛，仍綻**

放著耀眼光芒，莫非真的要等到失去以後才看得明白？歲月悠悠，一去難尋，有些人，有些事，一旦錯過，就再也回不到從前了……當時的我，不由得這麼感慨著……

因愛勇敢，成就最美的幸福

正是因為愛，讓人勇敢地說出：「我愛你，真的好愛你……」

時間來到二〇一四年，我的特別助理簽收了花店送來的大型精緻盆花，由大朵千代蘭、綠石竹、桔梗等許多花材組合而成。按照慣例，特別助理先檢視送件者大名、聯絡方式及內容，盆花中除了卡片以外還附上一封信，內容是穎瀅答謝我先前的指引。

這段期間以來，父親有了很大的轉變，不只戒除酒癮，還頂下離家不遠的早餐店維持家計，每逢假日，更承攬接送來台自助旅行的遊客到各景點觀光的包車工作，並和多家團購網站異業結合，透過多元化經營項目增加額外收入，每天幾乎只休息五小時，工作非常勤奮。尤其父親對母女倆的體貼包容態度更勝以往，甚至邀請母親在結婚紀念日當天拍攝全家福。穎瀅在文字中描述，當父親遞上攝影公司準備的捧花交到母親手中的剎那，自己忍不住喜極而泣，難以克制的感動淚水不停滑落……最後寫道：這就是她最想要的幸福。

聽完助理的複誦，我耐不住胸悶深呼吸了一口氣，見我臉色驟變，助理急忙遞水過來關切，我語重心長地說：「希望穎瀅珍惜眼前的一切，她的父親是因愛而勇敢。」助理趕忙應答說：「好的，我會如實回覆給穎瀅。」而後離開辦公室，我則獨自坐在辦公椅上陷入一陣沉思……

直到助理下班前夕，來到我的辦公桌前告辭，此時我才猛然回神反應過來，點點頭對她說：「趕緊下班吧！」隨著助理關上大門離去，我繼續坐在辦公椅上整頓思緒，凝視著穎瀅贈送的精緻盆花。眼前盛開的紫色千代蘭是多麼美不勝收，而一朵千代蘭花至少需累積半年以上甚至一年的養分，才得以如此綻放，但人們卻只關注在它的花開之美，或許世間的甜蜜幸福正猶如花期般短暫，才讓人們對此嚮往不已吧！

二〇一六年四月初，穎瀅致電給我的特別助理確認月底的預約時間，雙方反覆確定無誤後，此時，助理突然感受到電話那頭穎瀅的語氣充滿無奈，便順道關心了她幾句。

助理問：「家裡的狀態不是好轉許久了，怎麼從妳的語氣聽來卻心事重重呢？」

穎瀅說：「我父親從去年開始身形異常快速消瘦，也常胸悶咳嗽、聲音沙啞、精神不濟、全身痠痛和食慾不振。」

助理說：「那妳應該趕緊帶父親去大醫院做詳細檢查，對症下藥才能解決問題。」

穎瀅說：「我已經勸過他很多次，但爸爸拒絕就醫的態度極為強硬，可能是因為以前爺爺就醫的不愉快經驗所導致。」

助理建議她：「態度再放軟一點試試看。」

穎瀅無奈地說：「該試的方法我都試過了，就差沒跪在他面前。我會再想想辦法，或者月底的時候請益導師還有沒有其它辦法，感謝您！」

緣來緣去，緣如浮雲，花開終有時，花落亦無聲。四月二十一日晚上穎瀅再度來電，泣不成聲地和我的特別助理商討要延後請益時間，主因是前一天下午她的父親在家中沙發上小歇時猝然辭世，令她和母親措手不及，為了籌備後事無法赴約。而後在助理的安撫下，協助她順延了請益時間。

六月底，穎瀅身著黑衣獨自前來，她刻意戴上太陽眼鏡試圖遮掩哭到浮腫的雙眼。一見到我，她隱忍不住無助又難過的情緒，兩行淚水潸潸而下開始放聲大哭，一旁正在倒茶的助理見狀，趕緊放下茶具安慰穎瀅。

待穎瀅的情緒稍微緩和後，我對她說：「緬懷的淚水濕透了臉頰，雙眼潰堤而出的是隱藏不了的思念。」

穎瀅拿下太陽眼鏡，邊拭淚邊說：「我覺得爸爸已經離我好遠好遠，再也見不到他了……」

我安慰她說：「今生，父親一手養育栽培了妳，當中伴隨著關愛、呵護，點點滴滴始終在妳心底深處收藏著。死亡是他的身教，也是為妳上的最後一堂課，但他的愛不曾離開，而是轉換成另一種型態。」

穎瀅難過地說：「我不想要上這堂課，事情發生得太突然，我和母親完全沒有心理準備。」

我說：「因為他就這樣走了，妳很遺憾無法好好和他道別。」

穎瀅激動地說：「對！那天早上上班途中，我還專程送熱茶到店裡給爸爸，他給了我燦爛的笑容回應，怎麼知道晚上下班回到家居然成了永別……我的世界瞬間崩塌了，幸福的美夢也全都破碎了！」

我問：「還記得我曾經問過妳，相不相信每個人來到世間是帶著愛和勇敢而來？」

穎瀅哽咽回答：「我……相……信……」

我說：「每個人，皆是帶著愛再次勇敢抉擇來到這個世間，即使歷經時空變化、物換星移，不同身軀卻承載了相同的靈魂，繼續完成彼此間的約定。**不論生或死，愛始終恆常不變，在任何生命形態、不同維度裡『勇敢』地愛著。**」

穎瀅問：「您早就知道他會離開對吧？我認真回想您曾說過有一件事無法提前告訴我，就是爸爸會驟逝這件事情，對嗎？」

我點頭回應說：「妳第一次來請益時，父親其實已經罹患癌症，他隱約自覺身體不適，曾私下到大醫院詳細檢查，確診為大腸癌擴散到淋巴。得知這個消息的當下，他幡然悔悟，想治療又擔心龐大醫療費拖垮家中經濟，因此毅然決然放棄治療，積極戒酒、頂下早餐店還接下包車載客旅遊的工作，只希望在有生之年為家庭盡最後一份心力，目的是希望留些錢，還有把握僅剩不多的寶貴時間陪伴妳們母女倆。」

穎瀅不解地說：「醫療費可以先貸款再想辦法解決，我們都願意陪伴他一起度過，總比他一個人寂寞地離開好啊！」

我說：「他的病情惡化快速，剛確診時只是擴散到淋巴，但在經營早餐店不久後，就陸續轉移到肺部和骨骼，他強撐著虛弱身體，憑藉意志清償房屋貸款已經不容易，也不願意再拖累妳們母女，他的所作所為，全出自於一份勇敢和悔悟，希望能盡力補償，洗刷自己曾犯下的無知過錯。」

穎瀅難過地說：「他隱瞞我和母親許久，整理他生前的遺物時，意外在衣櫥抽屜裡找到他的就醫紀錄和診斷書，確實如導師所說擴散到肺和骨頭。他不知道我們母女倆在這些資料前跪地相擁痛哭了多久，帶著對他的不捨和心痛日夜煎熬著。現在回想起當時他身體虛弱又故作堅強去工作的樣子，讓我忍不住氣他怎麼可以這麼自私，即便有千百萬個理由，也不能欺瞞最親近又愛他的家人啊！」

我安撫她說：「請妳原諒父親，更要尊重他生前所作的決定，至少他給了妳們溫暖陪伴和美好的回憶，雖然不明智但卻很勇敢。」

穎瀅遺憾地說：「如果我可以早點發現他的病況，就不至於演變成這樣的結果。」

我說：「連我預先知道這件事都束手無策，更何況是妳呢？父親的逝世不是妳的問題，毋須自責，但妳應該正視自己的傷痛，接受心愛父親過世的事實，更要學習父親最後面對生命的勇敢與負責，那份愛和身教未曾消逝，仍留存在妳心中影響著妳，成為永遠的支柱。」

「因為愛，他不忍拖垮家庭，從此戒酒強忍病體賣命工作，還給了我們母女倆陪伴……爸爸好勇敢，我也該勇敢地接受他已離去，因為我愛他！」話一說完，穎瀅再次放聲大哭。

我說：「每個人來到這個娑婆世界，皆是帶著愛並具備著愛和勇敢的『初衷』，自始至終深愛他人也愛惜自己，沒有人例外。**當我們在勇敢表達愛的同**

時，也無條件地接納了自己。」

穎瀅問：「這麼說的話，為什麼爸爸在離職後會整天借酒澆愁、逃避問題呢？」

我答：「對任何人來說，生命裡遭逢的挫折，近乎是一種『**現實試煉**』，目的在測試當事人是否能坦承且勇敢地面對自我。多數人在遇到挫折的過程中，內心容易出現疑惑、抗拒、迴避、憤慨等矛盾現象，勾勒出自我與現實環境之間的『衝突』輪廓，因而認定自己正處於逆境當中。如何勇敢作出抉擇，必然是最重要的關鍵，也影響到接下來的局勢發展。倘若當事人選擇用逃離態度作為處理方式，那麼事後發展出的劇情多半會更加嚴峻；若能透過自我觀察，客觀看待內心矛盾現象並勇於內化後，就能轉換調整自我心態，與外界達成平和呼應，進而發展出有利於當事人情勢的順境版本，也就是說，**掌握權和主導權永遠在自己手上**。」

穎瀅恍然大悟地說：「聽您這麼一說，我似乎完全理解了。當時爸爸在職場受到挫折，第一時間心理上無法接受，卻又持續堅持己見，因此不斷和上司針鋒相對頑強抵抗，錯估情勢導致不可挽回的局面，只能以離職收場。原因來自於爸爸當時忽略了內心觀點與外界之間的衝突，只關注在自認為的是非對錯中衝撞，最後難敵主管的強勢被迫選擇離去。這種我認為自己沒錯，卻被無情對待的感受，演變成日後自願在受害者劇情裡委屈煎熬的局面。說穿了，爸爸只是沒通過試煉而已。」

我讚許她說：「很有智慧，妳繼續說下去。」

穎瀅說：「但我很佩服爸爸，雖然在職場遭受第一次失敗後沉溺於酒精和小賭裡，當時我一度以為他早已選擇自我放逐，事後才知道爸爸竟然能在第二次打擊得知罹癌後重新振作，勇敢面對所面臨的難題，隱瞞著我和母親偷偷去醫院檢查、設法頂下早餐店，從一個完全不懂廚藝的大男人到踏上煎台製作早餐，更拉攏異業進行合作，當中有好多我難以置信的堅持……他深怕走後讓我們母女倆難過遺憾，還特地安排拍攝全家福作為紀念。回想當時，我完全看不出任何異樣，這需要多大的勇敢才能做到啊！一切都是因為……他深愛著我們，而我們也非常深愛爸爸……我真的很愛很愛他！」

我說：「他的離去雖然已經無法挽回，卻留下了珍貴的因『愛』而『勇敢』的精神給妳們。」

穎瀅釋懷地說：「這樣已經足夠，我很滿足了！導師，可以幫我告訴爸爸我和媽媽都很愛他，只要他好好地在另一個世界，我們母女也會學習他的勇敢，快樂地生活下去，好嗎？」

我說：「好，我會幫妳把話轉達給他。」

穎瀅感動又充滿信心地說：「感謝爸爸的因愛而勇敢，這份勇敢是會遺傳的，我有！」

思緒，不停地翻閱著已逝的往日回憶，你知道，自己曾經擁有過。當你把過去所有的愛與怨串連起來後，換來的是潸潸流下的兩行淚水。

也許，我們不如自己想像中灑脫，當深愛的人離開了，那份愛依舊難以隨著時間沖淡、抹滅。就像穎瀅仍不時會坐在家中客廳，看著父親生前的舊照片，閃閃淚光中，迴旋不去的是父親的身影，心中的憂愁與思念，猶如綿綿細雨未曾停歇。

不如，把一份「愛」留給自己，用「勇敢」的雨露滋潤自己的心，離開所有傷心往事，試圖將微笑放在今天，好好地去用心珍惜。

雖然，穎瀅贈送的千代蘭已乾枯凋謝，但它曾綻放過的艷麗姿態卻未曾改變。任何生命最無價的力量就是**「因愛而勇敢」展現的當下**，有形的盛開雖無法恆久，精神卻能亙古不變。如同她的父親願意面對過去自我放逐的荒唐行徑，再次為人生負起全責，無畏恐懼迎向遭逢癌末的挫折與挑戰，留給穎瀅的不是遺憾而是珍貴的回憶，更是一個父親留下何謂「勇敢承擔」的身教與精神，令人折服不已。

給摯愛的你：

再給自己一次機會勇敢邁出第一步，或許面臨會犯錯的風險，但你不去嘗試，永遠不知道自己有多好。

——紫嚴

勇敢小叮嚀

看清「情緒錯覺」，改寫困境劇本

我們都知道，當一個人處於負面情緒時，做出的任何行為總會讓周圍的人感到不愉快或甚至受傷；說出的話語，聽起來必然是針鋒相對十分刺耳；流露出的眼神，也絕對充滿憤怒、鄙視、不屑一顧，舉手投足之間怒形於色，甚至會大發雷霆。無論是內、外在因素引發情緒波動導致的行為，除了會傷害旁人也會傷害自己，而在黑暗陰鬱的心情低氣壓籠罩下，所作的任何決定也多半是極端、帶有偏見的。

相信你沒有聽過「**情緒錯覺**」這個詞彙，這是二十六年來向我請益眾多個案中常見的一種現象。由於當事人長期陷入不斷自責狀態，內心三不五時開起自我批鬥大會，過度檢討自己，加上處處壓抑、心有不甘、價值感低落等情緒累積，慢慢讓自己像溫水煮青蛙般深陷低潮無法走出，因而**喪失對「現實」情況作出正確解讀、判斷的能力。被情緒「扭曲」製造出偏離事實的錯覺，牽引著當事人持續往更極端的方向前進**，最終讓局勢變得愈加侷限與僵化。上述情況，在人情關係中最為常見，長期禁不起情緒錯覺的摧殘，千瘡百孔之下，多半選擇放棄，以離婚、離職、離家、分手等怨懟結局收場。

此時，若能**勇敢接受**已經發生的現況，看似困境的局面將出現轉機，因為在勇於接受現實的同時，內心隨即會獲得一份「**安穩**」，困擾已久的情緒錯覺將不費吹灰之力不攻自破，避免讓自己一昧陷入一錯再錯的誤區。很快地，你會開始有「力量」去面對問題，不再帶有情緒，以客觀視角檢視問題本身，這麼一來校正了即將作出的抉擇，也帶領自己踏上另一條扭轉局勢的嶄新道路。

第三章

陪自己穿越童年傷痕，重新蛻變

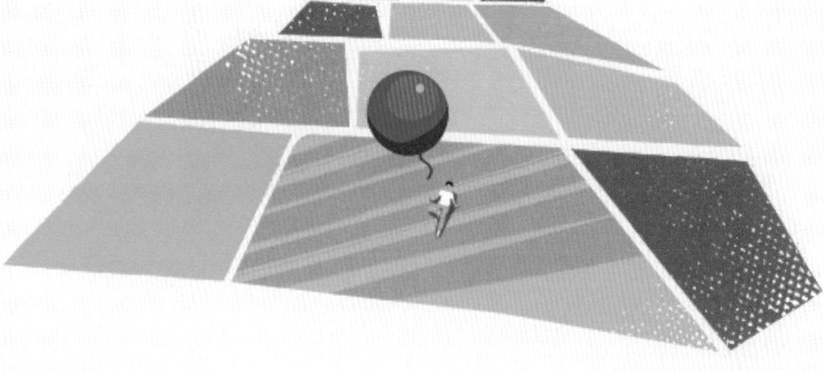

每個大人都曾是孩子，從兒時的不被愛中重拾勇敢

穿越時光、回到童年，獨自坐在一望無際的田野中央，彷彿想對長大後的自己說些什麼……於是，我仰頭朝向蔚藍天空，對遙遠未來的自己喊話：「嘿！你已經長大了，記得要快樂喔！」

時光流逝，歲月如梭，童年回憶像是珍藏已久的藏寶盒，上了一道鎖不易開啟。試圖拍拍鎖頭撬了撬，卻依舊緊閉著，只有在不經意時微露些許縫隙，隱約顯現出裡頭深藏的秘密。或許你曾在生活中有過類似經驗：突如其來遭遇的某個場景，是如此似曾相識，當下完全吸引住你的目光，猶如進入慢速攝影模式，眼前所見現實和腦海中浮現的童年記憶暫時重疊，像走馬燈似地旋轉閃過一幕幕情節，心情頓時也拉回到了過往，而後隨即又在轉瞬間消逝，回到現在此刻……你眨了眨眼，不禁疑惑自問：「過去的事怎麼會如此

清晰？不是早就應該忘了？」事實上，在記憶的長河中，看似過去的一切從未遠離……

「爸拔，我以後長大要開飛機。」小男孩抬起手、指向天空說道。純真的童言童語，逗得父親開懷大笑，抱起寶貝兒子在頭頂上轉圈，以支持又欣慰的語氣回應說：「飛呀，飛高高，再飛高高！你長大以後想做什麼老爸都支持你，永遠，永遠！」母親在一旁笑著，輕拍先生手臂提醒要留意孩子的安全。被父親高高舉起的小男孩，開心地發出模仿飛機呼嘯而過的咻咻聲。

假日的台北永康公園，一家人和樂融融圍在一起遊玩的景象，吸引了剛巧路過的我，讓我不由得停下腳步駐足觀看。抬頭望向公園旁的樹木，樹梢上新生的枝椏隨風搖曳、綠意盎然，和一家三口幸福洋溢的模樣相互輝映，構成了一幅絕美畫面。這一家人的嬉戲聲，同時引來四周許多帶著小孩的母親們關注，不約而同露出了羨慕神情。愛，正在當下流動著，為在場所有人詮釋出動人的幸福場景。

眼前的景象如此甜蜜，但在樹蔭下的公園椅上卻坐著一個國中二年級男孩，他的身影，對比幸福畫面顯得格外突兀，絕非是因為他穿著怪異或行為舉止不當，而是低著頭眼神落寞、若有所思的模樣，為此刻氣氛增添了一份哀愁。這一家人的溫馨互動，觸動了他兒時不愉快的成長經驗，令他坐立難安，最後只能起身掉頭快步離去。在一旁的我見狀，不由得感嘆：「世間的快樂與悲傷，似乎總是比肩而立。」

傷痛，不會隨著時間而消逝，深到見骨的傷看似癒合，唯有在季節轉變時才會隱隱作痛……

我願意陪著你走過那一段不堪回首的回憶，過去的就放它過去吧！

孩子總是先認識身邊的人，才進一步對這個世界更加熟悉。童年，在不同人身上譜寫著不同的回憶，有些人第一時間想到的是兒時看過的卡通《小甜甜》或《湯姆歷險記》，有些人則是憶起對自己諄諄教誨的小學老師，抑或是懷念小時候喝過的古早味冬瓜茶，校門口旁邊雜貨店賣的戳戳樂、橡皮糖，以及放學後相約跳格子、跳橡皮筋，和朋友人手一台電子雞，定時幫寵物雞洗澡、餵食的畫面……每當一提到童年話題，大夥總是你一言我一句滔滔不絕地說出許多趣事，回憶裡充滿著許多美好。

然而，也有人對童年的印象是一片空白，即便努力回想，腦海中也只有與少部分人接觸的零星瑣碎印象，或是只能想起某些不愉快的記憶，讓人感到自己的童年怎麼會如此難堪。

成長過程中，或許你也有過以下的類似經驗：

「嘿！等你爸媽離婚以後，你是跟爸爸還是媽媽？」就讀國小三年級的子軒，正被那位身材矮小、看任何人都不順眼的同學，以半開玩笑的輕蔑口氣質問著。跟在後頭的兩位同學一見狀，隨之起舞附和對子軒說：「你媽超神經質的耶，簡直是控制狂，該不會監護權是給她吧？」話一說完，四周又傳來一陣取笑的嬉鬧聲。

「把子軒的橡皮擦還給他，欺負弱者算什麼同學！」正義感強烈的女同學挺身而出，幫被霸凌的子軒討回公道，「一個便宜的橡皮擦有什麼了不起，還就還！」霸凌子軒的同學隨口回應後，便把橡皮擦扔在地上轉身離開。子軒趕緊把橡皮擦撿起來，緊緊握在手心，心頭浮現父母離異前父親帶他在書局購買文具的畫面，這個橡皮擦是當時父親送給他的禮物之一，滿載著與爸爸之間的回憶，但他選擇默不吭聲裝作若無其事，面對同學的霸凌，莫可奈何……

「喂！把我的作文還給我！」十歲的怡亭著急地伸出手，想要從同學手中搶回辛苦寫好，題目名為《長大以後想做什麼？》的作文；只見怡亭的同學邊偷瞄作文邊戲弄嘲笑她說：「還想結婚咧，妳長這樣以後是要嫁給誰啊？還想當建築師咧，妳蓋的房子鬼才會去住，不倒才怪！」長期被孤立在人際小圈子之外的怡亭，經常被同學冷嘲熱諷，只能在放學途中暗自搥胸頓足，抒發難過無助的情緒……

「媽媽最疼妳了，可是好吃的東西多留一點給哥哥，好嗎？」母親語帶溫柔提醒著八歲的小玫，此時正準備大快朵頤的她，很識相地把愛吃的車輪餅放回紙袋內，好讓哥哥放學回家後可以多享用原本該分給她的那一份。小玫心底明白，母親雖然口口聲聲說愛她，但最疼愛的還是哥哥，從小母親對自己和哥哥的差別待遇，讓小玫深感自己成長在重男輕女的家庭。她不發一語，拖著沉重步伐走回房內，順手帶上房門，坐在床頭隨手拾起一旁的棉被，手中感受到的棉被觸感，忽然間牽動了隱忍許久的情緒，多少個夜裡，她躲在被窩裡偷偷哭泣，想被愛卻又不被愛的那份酸澀，日積月累，在她心中留下反覆受傷又再結痂的深刻疤痕。

上述的情境，對許多人來說並不陌生，有些人親眼目睹類似事件發生，也有人正是那些不愉快經歷的當事人。無論是原生家庭的父母離婚、被親人冷落、不當體罰或施以言語暴力，或在校園被霸凌排擠、惡性競爭、遭受肢體暴力或性騷擾；在青春期遭遇情感挫折、不被同儕認同、被朋友無情背叛、被歧視、壓迫或師生關係對立……過往的記憶如輕絲，一縷又一縷纏繞在腦海中揮之不去，它總潛伏在內心最深處伺機而動，等待類似情境發生時再度挑動你的情緒。或許你早已不願意再回顧，卻不代表深可見骨的傷已經癒合。**有時傷得愈重愈難以回想、形容當時的情況，而你並非真的遺忘了那些傷，只是不願意再去碰觸……因為，一旦觸碰到了，表面看似結痂卻未真正痊癒的傷口，將再次引發陣陣刺痛……**

回憶童年，不再畏懼。一旦在跌倒後學會自己重新站起，夢想將會慢慢地長出翅膀，那與生俱來「因愛而勇敢」的力量，將引領你自我突破、實現理想，在遼闊人生中自在遨翔。

二〇一五年六月底，鄭先生和太太一同前來。記得當時正是台灣發生八仙樂園塵爆事故過後四天，由於持續關注傷亡消息，那幾個夜裡我幾乎無法安心闔眼入睡，助理特別準備一壺沖泡好的人參茶放在我右手邊。

鄭先生說：「導師您好，今天專程前來請益讓我困擾多年的問題。」

我說：「請說。」

鄭先生說：「我的朋友們推崇您可見古知今，具有非凡雙眼能看穿陰陽兩界。」

我謙遜地說：「近來發生八仙樂園塵暴意外事件，我才剛經歷了好幾天的失眠，是實實在在的凡俗肉身。」

鄭先生說：「您是在憂心遭遇意外的傷者，而我是被連續的夢魘困擾了將近八年，還差點丟掉婚姻和事業。」

在一旁的太太看了先生一眼，無奈地搖搖頭對我說：「導師，我們已經分房睡大概六年多了。」

鄭先生問：「導師，我的身邊是不是有一位『女子』？」

我答：「有，正是坐在你旁邊的夫人。」

鄭先生說：「不，我是說一位身穿深綠色喇叭袖雪紡衫搭配黑色褲子，五官深邃、長髮披肩，身材纖細又有雙筷子腿的女人。」

我朝他身旁兩側看了看，回答說：「我沒看見你描述的那個人，只看到坐在你身邊儀態萬千的太座。」

聽完我的回答，鄭先生瞪大了雙眼，向我描述他的遭遇。「不瞞您說，大約從八年前開始，夜晚在我半夢半醒之際，經常會出現剛才形容的那個女子，有時在床尾，有時在我身旁。起初她大約每隔兩個多月出現一次，這四年出現的頻率則縮短至四到五天；我曾經試過服用藥物讓自己迅速入眠，結果她反倒現身在夢境裡，強行拉我進入漆黑叢林、溪水邊或礦坑隧道等各式各樣的地點，或在夢中限制我的行動，把我五花大綁倒掛在大樹上，讓我動彈不得……是一個狡猾兇狠的女鬼。」

我問：「你嘗試反抗過她嗎？」

鄭先生說：「被您說中了，我多次反抗她還出手揮拳反擊，結果在夢中揮出重拳以後，卻從枕邊傳來淒慘的哀嚎聲，這才猛然驚醒，發現我的拳頭竟然打在太太的臉上、身上，或是踹她下床，造成多次的挫傷、擦傷，最嚴重的一次還導致她鎖骨骨折，半夜送醫院掛急診。起初太太一度認定是我外遇，假借夢魘的名義毆打、家暴她，好讓她受不了提出離婚；也曾經好幾次她怒火中燒、負氣回娘家訴苦，還吵著要跟我分房睡，精疲力盡之下，只能求助坊間的法師跟牧師。」

太太埋怨地說：「對，當時我被暴打，真的覺得很寒心，況且都是在睡夢中被狠狠用拳頭重擊或是踹踢，根本來不及反應，如果像是打蚊子的力道那就算了，可是他每次都像失心瘋似地對我狂呼猛打，去醫院就診的時候，連護士都替我打抱不平，好心建議我去聲請家暴保護令呢！最後則是跟先生達成協議，兩個人分房睡保持距離。」

此時，鄭先生稍微撥開太太圓領上衣的領口，指著鎖骨的位置對我說：「這是我一輩子的愧疚。」

我點頭說：「好，聽完兩位的敘述，我深感同情，但我確實沒見到這位綠衣女子。」

鄭先生訝異地說：「您是我見過唯一說『沒有』的人。鬼魂出現頻率還不算高的時候，我曾經求助過坊間知名的靈異大師跟法師，每個人都異口同聲說我的背後有『女鬼』糾纏，只是緣由稍有不同。有些人指稱是我前世曾經殺她全家、侵犯她，有人則說是我在掃墓祭祖時被她鎖定當成冥婚對象，也有人說她是我丈母娘年輕時不幸流產的女兒，不滿妹妹、也就是我太太的婚姻幸福而尋求報復。更神奇的一次經驗是，有次我找某位師父諮詢，正當我還在車上轉動方向盤，準備倒車入庫停車前，他就委請徒弟先到停車場來找我，提醒我的背後尾隨著一個身材纖細的長髮女鬼，特別交代我必須先淨身完才能見師父。這類的驅鬼經驗不勝枚舉，也在許多師父、大師們認定下證明女鬼確實存在，怎麼您卻視而不見呢？」

我邊聽鄭先生說話邊摸著後腦勺，一度懷疑是不是因為我這幾天憂心於八仙塵暴事件、缺乏睡眠而導致誤判，於是我再問他：「那麼，你有尋求過精神科醫師的協助嗎，他們作出了什麼診斷？」

鄭先生回答：「我確實尋求過不下六間的精神科門診和心理諮詢，後來判定我罹患的是創傷後壓力症候群，起因於十年前我母親往生後的創傷，形成後續一連串的心理疾病。服用藥物治療後，女鬼還是會出現在夢境裡，問題仍無法獲得根治，而每個醫師、心理師、法師或牧師，也都能說出一番看似合理又能夠印證的原因。」

我反問他：「你有沒有發現，當女鬼出現頻率變高時，就算你找法師或師父們協助作法、賜符咒、祭改或參加法會來改善，剛開始雖然效果顯著，但卻持續不了太久？」

鄭先生說：「確實是這樣，我試過那些方法以後，最長時間可以維持三個月沒有夢魘，但再去尋求第二次協助的話絕對會失效，也沒人能給出合理解釋。」

此時，太太問道：「紫嚴導師，您是眼科出身，之所以會發生這樣的狀況，會不會是因為我先生的眼睛患有什麼疾病？」

鄭先生否認：「我只有輕度近視，連老花眼都沒有，不可能有眼疾。」

太太狐疑地繼續追問：「導師，還是我先生分明就有外遇，只是假借女鬼之說在心底暗自策畫要離婚呢？」

我說：「我能證明妳先生沒有外遇，他信誓旦旦認定的那個女鬼，對他來說是『真實』存在，但在我看來卻並非真實。」

太太鬆了一口氣，說：「我獲得我想知道的答案了。那麼，子軒遭遇的那個女鬼又該怎麼解釋呢？」

我說：「原因出在於童年過往。鄭子軒先生，當我叫你的全名時，有沒有感到莫名地熟悉？一位因為父母離異，被同學嘲笑監護權歸『瘋婆子』母親的小男孩，一個國小、國中時期遭受一連串霸凌卻無能為力、處處隱忍的自己。」

鄭先生既驚訝又疑惑地問：「您敘述的都是事實……但，這些過去跟女鬼又有什麼關聯呢？」

我說：「大多數男性的紓壓方式，不外乎是運動、找朋友聊天或培養興趣嗜好，但你卻偏愛逛書局，尤其是老文具行，原因來自於你和父親最後一次互動的回憶，每當逛書局或文具行時，總會帶給你一種極為親切又懷念的感受。」

鄭先生回想起童年，沉默了一會兒後，語帶哽咽說：「我有一個好父親，他出身中部農村，長大北上工作，勤儉持家，卻因為不堪母親的『不安全感』侵蝕，長期處於母親咄咄逼人、不時暴怒、管控甚嚴的壓力之下，不得已只好協議離婚。加上父親財力不敵母親娘家的優勢，只能放棄監護權，後來他到越南工作，至今都沒有任何消息。他平時極為節儉，卻捨得花錢在我的文具用品上，那是他唯一有能力肯定我的方式。所以，我只要走進書局或文具行，總能感受到父親的鼓舞。」

我接著說：「你童年被霸凌留下的陰影，隨著母親逝世而被觸動，對女鬼的描述愈清晰，表示你內心的傷也愈重。」

鄭先生說：「是的，確實非常清晰。所以，您的意思是說這個女鬼是我自己的幻覺嗎？」

我說：「**任何人的童年創傷陰影是『真實』，也是『幻覺』**。」

鄭先生不解地問：「您把我搞糊塗了，我的確在小時候遭受同學霸凌，但那份委屈、自責、憤慨的陰影怎麼會是幻覺呢？」

我答：「**影子，是物體的投影，原本就不真實；情緒，是遭遇痛苦引發的反應，本來也只是一時，之所以會造成傷痕，從來不是因為發生了什麼，而是你『抵抗』了這個發生**，加上悔恨自己無力回擊、無法及時妥善處理進而形成傷痕，又在童年或長大成年後持續糾結在創傷裡，**癒合不全的傷口才會留下瘡疤**；女鬼，說穿了是你心理表層癒合但深處仍留有舊疾的傷痛幻影。」

鄭先生依舊有些困惑，問說：「導師，能再為我舉例說明嗎？」

我說：「許多女生小時候曾被性騷擾，後來時不時會覺得自己的身體航髒或噩夢連連，來自於遭受騷擾當下出現莫大的情緒壓力，並對此感到抗拒和嚴重焦慮，因而形成難以抹滅的陰影。但卻有不少女生能從容以對，在遭遇的事件中更懂得如何善加保護自己，甚至**從思維中延伸出『多元觀點』**，也就是男人必然有好有壞，**不因過往被傷害的經驗以偏概全地去『定義世界』**，不再鑿出另一個黑洞把自己往洞裡塞。這個例子，不是要我們去定義前後者的對錯，只是兩者面對事情的**勇敢程度**不同，而當事人用什麼態度解讀事件，成了主導未來走向的利弊關鍵。」

鄭先生恍然大悟地說：「我像極了您剛才比喻的前者，所以是我內心的強烈抗拒幻化出這個女鬼，然後回饋到現實環境，每晚霸凌我的睡眠嗎？」

我點頭說：「沒錯，面對頻頻挫敗的童年經驗，有一部分的人會衍生出鬼怪經驗，但並非是真的遭遇鬼怪，而**挫敗感、鬼怪兩者，和『恐懼』其實是異曲同工**。」

鄭先生說：「這就像是日有所思夜有所夢一樣，原來，是自我恐懼衍生出對應的角色，然後來到我的夢境裡。」

我繼續說：「不過，人生就是有所失亦有所得。你目前年薪有五百多萬台幣，假如沒有童年被霸凌的經歷，我確信你不會有現在的成就，更不可能是孩子心目中的好爸爸。」

太太問：「原來他對孩子這麼愛護，要歸功於他被霸凌和單親的童年嗎？」

我答：「對！**凡事皆有一體兩面**，世界上很多的發明家、企業家、藝術家、物理學家、科學家、金融家……等成功人士，都有不堪的童年陰影。雖然你曾經有過被霸凌的難堪遭遇，卻因此激勵出奮發向上的特質，**所以，沒有童年陰影的人不容易成功，有陰影無法釋懷的人不容易幸福，而接受陰影、面對未來才是真正的勇敢。**」

鄭先生思考一陣子之後，問道：「我完全認同導師所說的，但是有很多人在受創後會變得一蹶不振，又是為什麼呢？」

我答：「因為抗拒，傾巢而出的不滿全指向『為什麼是我這麼倒楣，被別人如此對待？』進而剝奪掉內心原有的安全感，形成揮之不去的負向情緒。把心力『專注』在沉溺傷痛中，反倒『給足』了負面更大的空間擴張，掩蓋掉此刻眼前的『美』，也製造不出未來的『好』。」

鄭先生問：「那麼，我現在該如何處理我的夢魘呢？」

我說：「接受這個身穿深綠色雪紡衫的女子。」

鄭先生驚恐地問：「是要我娶她嗎？」

我答：「差不多！你回去以後，拿一張白紙用黑色的筆寫下：『妳曾是我的過往，感謝妳創造出我現在的事業成就和美滿家庭，未來的日子還請多加關照，讓我們一起攜手邁向幸福。致深綠色雪紡衫美女』，然後把這張紙放置在床頭一年。」

鄭先生訝異地問：「就這麼簡單嗎？」

我答：「對！」

鄭先生釋懷地說：「導師，我想跟您分享此刻的心情，聽您說完留給女鬼的話以後，雖然有一點起雞皮疙瘩，但我的心情卻莫名地輕鬆、舒坦。」

我說：「你就放膽照我的話去嘗試。」接著我轉頭問太太：「身為老婆的妳會吃醋嗎？」

太太笑著說：「女鬼是他童年陰影的化身，我怎麼會吃醋。娶！我同意納她為妾。」最後，三人在笑聲中結束了對話。

勇於接受過去，與傷痛幻影道別

二〇一六年二月農曆春節前夕，鄭先生致電給我的特別助理，答謝我的幫助。

鄭先生說：「師姐好，委請您協助轉達我對導師的謝意，也請幫我備註是女鬼反覆纏身、小時候曾被霸凌的鄭先生。」

助理問：「你目前的情況還好嗎？」

鄭先生說：「去年我請益完，憑著印象寫下給女鬼的紙條後，當晚竟然一覺到天亮！而且神奇的事情發生在隔天晚上入睡後，當時大概是凌晨兩點半，女鬼再度來到我夢裡，真實感更勝以往，她依然穿著我再熟悉不過的深綠色雪紡衫配黑色褲子，但有別於過去的是，她原本散落的一頭烏黑秀髮已經盤起，臉上還充滿笑容，並持續對我微笑著。」

助理問：「持續微笑嗎？」

鄭先生答：「對，然後她向我揮了揮手道別之後，直到今天她都不曾再出現過，我的睡眠品質因此獲得大幅改善，事業也愈加順利。」

助理又問：「所以，她已經完全消失了嗎？」

鄭先生說：「完全消失了，導師的方法太管用了！」

助理高興地說：「恭喜！」

鄭先生滿懷自信地說：「我覺得**勇敢地接受過去**，不只能告別鬼怪，更能成為駕馭『膽怯』這隻怪獸的馴獸師。」

困擾鄭先生已久的雪紡衫女鬼事件，至此劃下了圓滿的休止符。長期尾隨鄭先生的從來不是真實的鬼魂，而是童年陰影壓力轉化成的虛幻投影。

有時，我們的「低壓情緒」也和出沒時間不定、行蹤成謎的「女鬼」十分相似。總是沒來由地到來，又不明所以地離去，同樣也對當事人具有「控制性」，讓人倍感困擾、恐懼，急欲想要逃離。

你是否也曾被過往不愉快的經驗影響，而有「為什麼倒楣的人是我」、「為什麼我要被如此對待」的感受？是否因為被「最在意的人」剝奪了自尊、肯定、愛和安全感，籠罩在焦慮、惶恐不安之中，缺乏力量面對日常生活？一旦把目前的心力專注到傷痛裡，等同於火上澆油，給足了陰影更大空間向外擴張面積，處於遍布荊棘的心情狀態裡，更無法見到眼前的美好。

一個人的勇敢，來自於是否能與「委屈」共處，進而意識到一切只是「情緒」編撰出來的自我否定情節。既然沒有童年陰影的人不易成功，有陰影無法釋懷的人不易幸福，不妨嘗試和那些不愉快的感受相處，**重新接受陰影、面對未來，找回屬於你的勇敢**。我們毋須戰勝那個懦弱卑怯的自己，更不必在童年創傷中逼迫自己必須昂首挺立，而是一步步踏著信任的階梯，站上登高望遠的展望台，再次伸展雙臂、面向曙光，迎來更自由開闊的人生。

勇敢小叮嚀

揮之不去的陰影，將因看待視角而改變

旭日東昇，大樹在朝陽照射下投射出一道樹影。隨著時間推移，太陽光線移動，陰影的大小、位置也跟著改變，但樹和影子之間始終形影不離。如果把大樹比喻為發生的「事件」，太陽光線是看待事情的「立場」，投射出的影子便是所謂的「陰影」。有沒有發現，唯有在立場中立（陽光日正當中）之時，投射出的陰影面積最小？**我們之所以會感覺到創傷的「陰暗面」**（影子）**龐大，來自**

於解讀事件的「立場」(角度)失去了中立。關鍵，從來不在於事件本身。

不妨，勇於接受「樹」(事件)、「光線」(立場)及「影子」(陰影)的存在；影子無法單獨被去除，除非調整看待事件的角度，回復中立，縮小陰影製造的範圍，抑或是接受陰影，不干預、不下任何註解，任其自然地投影變化。**世界是由心念、感受製造出來的結果，唯有看待事物的角度改變，世界才會跟著轉變，能釋懷，就能超然**，當心安靜了下來，塵世的紛擾喧囂也將隨之平靜，回歸輕鬆自在。

勇敢付出，撫慰過去

一旦我們徘徊在痛苦的迴廊，終究會再回到同一個點上，反覆糾結，只是在不斷地自我傷害。何不轉頭嚮往遠方、接納過往，勇敢地走出迴廊，帶著從容微笑向前邁進。

相信無論是誰，在童年時期或多或少都曾經有過痛苦、悲傷的經驗。人，總是在複雜思考後作出輕率的決定，誤傷了別人卻還義正辭嚴。在職場中，有些人仗著自己位高權重，態度傲慢無禮，動輒謾罵、凌辱他人，成為屬下眼中的「問題主管」；抑或是在背後攻訐、搞小團體排外，甚或濫用職權，奪取屬下工作成果向高層邀功、對下屬不公平對待。這一切，不禁讓人疑惑：「難道只要自認為原因合理或權力地位高，就可以任意傷害其他人嗎？」其實，有過相同經歷的人才會明白，**傷害你的人和你傷害的人都會受傷。**

童年曾遭受過多大的創傷，成年後就會引發出多大的情緒。當陽光愈明亮燦爛，投射出的陰影也會愈顯清晰……

陳小姐任職於某企業擔任資深經理，畢業於美國知名商學院，說得一口流利德文、英文。她身穿套裝搭配素雅白色襯衫，展現出專業幹練的形象，但在高傲的外表下，內心卻隱藏著慌張不安。

陳小姐故作鎮定地對我說：「導師您好，我在工作職場上出了點小狀況。」

我以嚴肅的口吻提醒她說：「妳的狀況並不是小狀況，下個月人事部會主動找妳約談資遣事宜，事隔三十天後，妳就會失去工作在家待業。」

陳小姐毫不訝異地說：「我早就聽說總經理私下指示人事部要資遣我，單純是為了一件和我不相干的小事。」

突然，一陣莫名的熟悉感湧來，促使我低頭確認請益單上陳小姐填的全名，然後，回想起前陣子由閨密陪同前來請益的巧曼。

巧曼長期遭受主管的言詞霸凌，某天在公司茶水間倒水時，一時之間想不開，竟把剛倒在杯子裡的滾燙熱水往自己的左手淋灑，造成手背到手腕部位的二級燒燙傷，緊急被送往附近醫院醫治。公司副總得知意外後，隨即派人打聽事發經過，下令要嚴格徹查此事。

在家休養期間，受盡委屈的巧曼經常獨自哭泣吶喊，宣洩積壓已久的情緒，她反覆掙扎考慮是否要提出離職，憂心自己破壞公司氣氛掀起滿城風雨，同時也對康復後重回工作崗位該如何面對主管、同事感到不安。而她口中所說的主管，正是坐在我面前的陳小姐。

此時，陳小姐問道：「導師，您還好嗎？有在聽我說話嗎？」

我直白地說：「妳間接傷害了自己的屬下，造成她這次的自殘事件。」

陳小姐一時語塞，逞強地說：「這……她是玻璃心、草莓族，連一點責備都無法承受的人，要怎麼承擔職場的工作呢？」

我反問她：「難道，妳沒對她處心積慮地苛求挑剔、冷嘲熱諷嗎？」

陳小姐勉為其難地說：「好，我承認自己的確是看她不順眼，她就是名副其實的小人！」

我問：「妳還記不記得，國小時候妳寫的作文被同學嘲笑，總是被孤立在小圈子之外，放學途中還曾經多次搥胸頓足，抒發無助的情緒嗎？」

陳小姐好強地說：「是！所以我努力奮發學習，長大以後赴美求學，我認為令人刮目相看就是對霸凌者的最佳報復，難道不是這樣嗎？」

我說：「妳力爭上游的過程確實值得肯定，但妳也應該最能理解被霸凌者的感受。」

陳小姐幽幽地說：「孤立無援、求助無門、憤怒、委屈……像是心被狠狠撕裂卻又無法縫補的痛苦感受。」

我說：「妳的下屬正滴著淚，手上包裹了好幾層紗布，強忍燙傷的痛，承受著跟妳過去一樣的苦。」

陳小姐不服氣地說：「是她無能，換成是我，必然會全力以赴達成老闆期待！」

我說：「說穿了，妳是恨鐵不成鋼。妳以為她能從刺激中脫穎而出，就像照鏡子一樣期待看到另一個『勇敢做自己』的實例，卻沒想到屬下竟如此不堪一擊。」

陳小姐說：「您的剖析非常精準，我確實沒料到她這麼脆弱。在職場上我向來作風強勢，這樣一來，就不會被環境所淘汰。」

我說：「妳就快要面臨被資遣的命運，應該也算是快被環境淘汰了。強勢作風只突顯出妳內心的焦慮不安，因而渴望用強硬手段掌控所處的環境而已。其實，**我們永遠無法用相同的手段製造出第二個自己**，因為每個人的時空背景、個性、環境、機會截然不同。」

陳小姐坦白地說：「我承認自己快要被淘汰……那麼，我該怎麼做呢？」

我說：「她所受的傷害和當初小學被霸凌的妳十分雷同，不妨去妳的下屬家中探望跟致歉，並且帶著真誠去鼓勵她。」

陳小姐不解地問：「為什麼我要對一個脆弱、抗壓性低的職員這麼做呢？」

我答：「這可以分為兩個層次。**第一層是給予他人關愛、鼓舞，讓別人勇敢堅強；第二層是妳在這麼做的同時，也撫慰了過往遭受創傷的自己，現在的『勇敢付出』，其實是在拉過去孤單、無助的自己一把。**」

陳小姐問：「所以，我對她示好，反倒會讓自己受益嗎？」

我說：「是兩者皆能因此受惠。」

此時，陳小姐的態度軟化，舉起雙手作勢投降說：「但我有障礙，很難做到您給的建議。」

我鼓勵她說：「試著跨越心頭這道鴻溝，這個障礙比不上妳申請美國知名商學院又順利畢業還來得高，更不比學習德文、英文還要難。」

陳小姐疑惑地問：「導師，這兩件事怎麼能相提並論呢？讀書是為了自己，跟人道歉是示弱啊！」

我說：「喜歡 Hello Kitty 的女人，多半心地都很柔軟。」

陳小姐固執地說：「Hello Kitty 是我的最愛，但我絕不會輕易示弱低頭！」

我說：「**成長過程遭受排擠而受創的人，最不願意輕易對他人示弱。**其實，**對他人伸出援手也等於幫助了自己。**」

陳小姐問：「等等，這樣做怎麼算是幫助自己呢？」

我反問她：「假設，當初霸凌妳的同學很快就來向妳道歉，甚至誠懇地去化解你們彼此間的嫌隙，那麼結果會是如何呢？」

陳小姐說：「會成為好朋友，或是變成良性競爭的夥伴，互相督促彼此成長。」

我說：「**會主動欺負他人的人多半是『弱者』，傷害妳的人和妳傷害的人，兩者都是『傷者』，唯有關愛弱者，『心』才能重獲健壯，恢復坦然。**」

陳小姐若有所思地說：「這個說法，似乎很有道理……」

我繼續說：「曾經，有一隻中型土狗對著另一隻小型家犬狂吠，作勢要把小型犬趕走，離開牠的地盤，此時一台軍用卡車按了聲喇叭示意要土狗讓路，卻把這隻土狗嚇到夾著尾巴逃離。**『心理脆弱』的人，容易對自認為比自己更弱小的人發動攻擊。**」

陳小姐問：「所以，心理脆弱的人還會自動鎖定目標攻擊別人嗎？」

我說：「對，因為，他也能從別人身上**嗅出以往曾經脆弱的自己。**」

陳小姐恍然大悟地說：「所以，去關愛、鼓舞對方，是要我勇敢面對過往創傷，讓自己從過去中走出並對此釋懷?!」

我說：「沒錯，妳在幫助她的同時，也在幫助自己穿越充滿陰影的童年。」

陳小姐心有戚戚焉地說：「我現在完全明白自己為什麼會走上離婚一途，只怪自己**內心脆弱卻用強勢外表掩蓋心中的不安，把維持尊嚴當作施加壓力給他人的藉口**，哪有男人可以忍受我這種情緒差又愛跟別人一較高下的女人，您點破了我人際關係中的所有盲點。」

我說：「當蝶蛹破繭而出，蛻變成美麗的蝴蝶時，必然是一次脫胎換骨的質變。**當意識到自己有哪裡不成熟的時候，在妳的眼前呈現的是一個嶄新的未來。**」

陳小姐說：「我真的懂了，但，我不想被資遣……」

我說：「那就儘快帶著 Hello Kitty 去探望受傷的下屬。」

陳小姐堅定地說：「好！我答應您。」

「喂！把我的作文還給我！」十歲的怡亭焦急地伸手搶回辛苦寫好的《長大以後想做什麼？》作文，卻被同學們邊偷瞄內容邊戲弄嘲笑她……

後來，長大的怡亭，也就是前來請益的陳小姐勇敢走出小時候遭受霸凌的這段童年陰影，她曾笑著自嘲說：「想當初要不是我低聲下氣求得巧曼諒解，可能就會變成一個脾氣暴躁、自怨自艾的無業遊民了。」另外她也跟我分享：「我帶著 Hello Kitty 去送巧曼之後，敲醒了我多年來待人處事的『偏見』，原來巧曼不喜歡凱蒂貓，是因為它沒有嘴巴，這件事讓我學習到尊重別人和我的不同，為自己補上了一堂寶貴的課。」雖然人事部主管找她約談，但在被害者巧曼的極力維護下，兩個人都如願在公司繼續留任，成為最親密又相互支持的上司和下屬，私底下更是超級好朋友。

給摯愛的你：

一個枷鎖是束縛，一次放過是釋懷，在身不由己與自在翱翔之間，被禁錮的思維從一次次震盪蛻變中，彰顯出了答案。

——紫嚴

勇敢小叮嚀

同理心＋強烈主觀＝「同理偏見」；

同理心＋尊重＝「修養」

常與他人競爭、較量者，在自信表現上多半優於習慣忍氣吞聲的人，但也同時侷限了未來可以「成就」的高度。這類人心中經常儲備大量「對」與「錯」的標籤去定義他人是好或壞，甚至習慣以「支配」他人的姿態進行溝通，反倒容易在人際關係上造成不必要的誤解和痛苦。

具備同理心的人則有別於前者，能設身處地、將心比心地站在對方立場去感受、了解他人觀點，以較客觀的態度給予對方回應，一同面對、處理問題，也有助於慈悲心和包容心的建立，更是人際關係中不可或缺的溝通能力。然而，一旦帶著過度主觀去揣測他人的想法或行為，則會陷入「同理偏見」的窘境。

「同理偏見」是「同理心」加上「強烈主觀」的綜合體，意指**把自我主觀偏見套用在他人身上的傾向**，尤其常表現在將個人喜好、觀點、情感等強加於他人的武斷行為，認為自己喜歡，對方也會喜歡，或是我因為有過這樣的歷練而成長，別人亦能透過同樣方式獲得成長，如同照鏡子般，假想對方和自己有相同之處，依照自己的感受框框來定義他人，而非用客觀角度去解讀。

一個經常自我懷疑的人，總會覺得他人也不懷好意；一個貪小便宜的人，也會認為別人想要佔他便宜；一個忿忿不平的人，容易認定別人存心找他麻煩；一個單純善良的人，則不輕易相信有人心腸歹毒。但這麼一來，反倒會受到「同理偏見」的影響導致認知錯誤，變得「獨斷獨行」，無法客觀掌握「確切」的資訊，對所遭遇的事件易作出誤判，在自我預設的圍籬中持續打轉卻不自知，類似於所謂的自我感覺良好或活在自己的世界，進一步造成自我和外在環境、人事物之間的摩擦與傷害。

用更淺白一點的說法，可以比喻為：假設你認為自己是一雙筷子，以為別人也跟你一樣，但或許別人實際上是一個盤子，一旦面臨他人無法發揮跟你一樣的功能時，一連串的問題和誤會將隨之衍生；抑或是我喜歡榴槤，誤以為周遭的人也跟我一樣喜歡，並強行把榴槤送給對方，可想而知會有什麼樣的結果……

我們必須理解到：「**別人永遠不會是你**」這一點。待人處事時，不企圖把「別人必須完全遵照我的意願去思考或行動」這個觀點強加於人，因為，**我們永遠無法用相同手段製造出第二個自己**。當你勇於敞開心胸，帶著耐心客觀地傾聽他人心聲，便會發現彼此之間的想法差異，並嘗試尊重「我」和「他」兩者的不同，包括成長背景、學經歷、個性、環境、朋友、想法……等，即便是生長在同一個家庭的兄弟姊妹或雙胞胎，都會存在著差別與分歧，更何況是來自於不同環境的兩個人？而後，再進一步去理解、接納和體諒對方，在心中保持中立而不妄下註解、評斷或排斥，因為你已經了解：**所有人都正處於人生的「過程」中，在不同際遇造化下都有可能獲得轉變**，也將因此看到他人的優點及過人之處。**學習把「同理心」加上「尊重」，化為虛懷若谷的「修養」**，驀然間，你會喜歡上這樣的自己。

親愛的，你真的很好，只是否定了自己

我們長大了，雖然過去的經歷無法重來，但只要願意重新了解童年的故事，接受了自己，就開始擁有了新生。

光陰似箭，流光易逝，倏忽之間一年三百六十五天過去，一轉眼已度過成千上萬個夜。童年，成了最遙遠又倍感親切懷念的字眼，蘊藏著許多令人難忘的純真歲月，腦海裡也依稀留存時而模糊、時而清晰的記憶殘片。

還記得兒時幸福的回憶嗎？其實，滿載記憶的時光機裡肯定有個天真無邪的你，不時從裡面探頭叮嚀著：別忘記曾經被愛和勇敢過的事實……

家，是什麼味道？有時，它的味道是甜的，偶爾是酸的，某些時候則是苦的；感受到溫暖時味道是甜，委屈是酸，疏離則讓人覺得苦。童年時期每當你傷心難過時，家長不可能連一點心疼的感覺都沒有。或許你正想說：「心酸的味道，一旦到達某種程度，就會轉為苦澀……」

我能理解，不是每個人都在父慈母愛的家庭中成長，有人在充斥著衝突的環境下長大，也有些父母經常用大呼小叫的方式取代溝通，或忙於工作忽略孩子的情緒、對子女過度溺愛、重男輕女、漠視孩子的特質與真實樣貌，甚至將個人缺憾及期待施加在孩子身上，透過小孩的優異表現滿足自己被他人稱讚、羨慕的渴求。

苦澀的家庭及成長歷程，讓童年變得失落而黯淡，許多孩子缺乏被愛的感受，以致於成年後與父母之間有著強烈的疏離感，像是歷經一場狂風暴雨卻沒人及時呵護的庭園花卉，當風雨停歇，柔弱的花瓣已被強風吹襲、雨水打落，散滿一地。

縱然傷痕累累，花兒並沒忘卻自己曾經盛開的模樣，待下一個季節到來仍依約再次綻放；然而，歲月卻悄悄在我們心底寫滿了創傷的回憶，劃下一道道難以抹滅的印記，童年時期的天真模樣，早已消失無蹤影。

你可能這樣譴責過自己：「為什麼我這麼不貼心、不親近父母？」或「我怎麼會如此不知感恩？」同時消極地與原生家庭維持表面和諧；另外也有人認為自己從小不被父母重視，只能用服從、貼心態度尋求父母親肯定，從中換取是「家中一員」的存在感。

有時候，不是不在乎了，不是沒有關係了，而是你真的受傷了。

等待父母親來疼愛，用強顏歡笑與盈眶淚水伴隨著期待，是寂寞也是惆悵的，不如，讓眼淚緩緩流下，或許……會發現你的淚水不是鹹的，而是苦的。

接下來的章節，我們即將走入林小姐的真實人生案例。在此之前，請靜心閱讀這段溫馨提醒：「**每個人內心都存有陰暗、無力的自己。林小姐這個角色和問答過程中的『語氣』，可能觸發你沉悶的感受**，或是不欣賞林小姐的人格特質，甚至想跳過章節，無法繼續專注閱讀下去。其實，不妨給自己多一點耐心，試圖去穿越、同理他人的過去，這也意味著你願意『**正面迎向**』曾經沮喪、無助的自己。」

掌握住好心情，一步步拾回肯定

勇敢，永遠存在於最明亮的地方，
只保留給那些……
面臨挫折，在無助膽怯中掙扎，
卻允許自己帶著脆弱勇往直前的人。

林小姐，一九七八年生、未婚，公立大學畢業，任職於電子公司擔任採購助理。除了上班時間以外，因個性使然，平時盡量迴避出入陌生環境。偶爾雖然會和幾位公司同事相約看電影、吃美食，但大部分時間幾乎都在夜市協助母親擺攤。家中成員除了她和母親之外，還有一位長兄，工作時有時無，僅靠打零工、打電玩度日，父親自中年退休以後，經濟上依賴太太，常和朋友聚會相約登山、海釣或露營，鮮少與家人互動。

一年秋天，公司同事兼好友突然閃電結婚，本該為朋友高興祝福的林小姐卻異常低潮，在參加完婚禮返家途中，不知受到婚宴上的什麼刺激，突然嚴加審視自己出社會至今幾乎原地踏步、一無所有，沒有存款、情人、房子、目標、嗜好，只是日復一日、漫無目的地過著平淡生活……一想到這裡，令她百感交集，忍不住在捷運車廂內潸然淚下，不斷怪罪自己這輩子白活了。

帶著自怨自艾的心情回到家，迎面而來的不是溫暖問候，而是母親冷冰冰的語氣：「現在幾點了？趕快把洗完的衣服拿起來晾好。」對於母親的態度，她絲毫不感意外，默不作聲地放下肩揹包，快步走到後陽台拿出洗衣機裡的衣服，一件件地抖開、拉平再掛上衣架，重複著制式的動作。在晾到母親的衣物時，壓抑已久的情緒猛然湧上心頭，浮現許多傷心往事，從小到大，總是被母親以命令、要求、威脅、否定語氣來掌控她必須要遵從。

她終於徹底明白：自己是用「聽話」和「服從」姿態去博取認同，一旦背離母親的意志，等同於被打入冷宮，直到母親氣消後才得以獲得釋放。當晚，她輾轉難眠，慣性抓起棉被一角嚎啕大哭了一場。童年時期媽媽常要求她謙讓哥哥的景象再度被喚起，一幕幕在她心中上演著……

長期不堪情緒折騰，在同事引薦下，林小姐前來向我請益。當天她比原定的預約時間早到，站在我服務處的門口望向遠方，預想著可能聽到什麼答案，同時邊來回踱步邊焦慮地整理服裝儀容、查看時間，並連續深呼吸了好幾次紓解自己的緊張。

時間一到，她客氣地向我打招呼，再小心翼翼地拿出筆記本準備記錄重點。「全身緊繃，像參加接力賽跑、隨時預備衝刺的田徑選手。」是我當時對她的第一印象。

我遞了張面紙給她，說道：「這個給妳擦手汗。」

林小姐接下面紙後對我說：「謝謝您！」

我說：「看妳如此壓抑，想必希望儘快在外面租到房子，搬離原生家庭。」

林小姐矛盾地說：「對！我的情緒壓得我快要喘不過氣了，只是……我雖然想離開，但又對自己的不孝感到愧疚。」

我說：「待在三溫暖烤箱內太久，高溫又缺乏水分，暫時離開一下也是緩解之道；不如，妳即刻著手尋找公司附近的房子，四個月內會有好消息。」

林小姐語帶擔憂說：「但是，如果貿然搬出去，我的母親、哥哥該怎麼辦？」

我反問她：「怎麼又突然想關心他們了呢？」

林小姐說：「我媽媽在夜市擺攤，沒人幫忙會忙不過來。」

我繼續問道：「既然妳如此擔心她，何不打消搬出去的念頭？」

林小姐否決說：「不！不行！母親為家庭奉獻付出我很感恩，但我不想再活在被控制的噩夢裡，況且她心裡只有哥哥並沒有我……」

我問：「還記得，小時候妳愛吃的東西總要先讓給哥哥嗎？」

林小姐點頭說：「對！還有其他好用、好玩的東西全都先到哥哥手裡，連媽媽的關愛與耐心也是一樣。」

我坦白地說：「偏心，是人之常情，再喜歡的兩個東西，總會對其中一個多喜歡一點。有些人受到傳宗接代思想影響偏愛兒子，也有人鍾愛女兒，這和前世締結的緣分深淺有關，如果換作是妳，也必然如此。這就好比左手跟右手，妳比較喜歡哪一隻手？」

林小姐說：「我常用右手，所以應該是右手。」

我繼續說：「華人傳統觀念認為男性能夠傳宗接代、延續家族血脈，就像多數人長久慣用右手一樣，但無論是左或右手，終究是身體的一部分，所以**那份『愛』其實並沒有差別**，更不是因為妳生錯了性別。」

林小姐說：「我的確常覺得自己生錯性別，即便我做得再多，也得不到媽媽的肯定。」

我說：「假設，妳和哥哥的性別都是男生，母親仍舊稍微偏愛其中某一位，之所以有差別對待，並不是理智能掌握的範圍。我們可以把世界上的事物簡單區分為兩種，**一種是我們能掌控的，另一種則是不能掌控的**，比如是否會下雨、公車準時或誤點、會不會塞車及何時發生天災、壽命長短……等，無法掌控的事多如繁星。**人之所以不快樂、不勇敢，來自於我們總試圖想要去掌控『不可控制』的部分**，包括別人的觀念、心情、褒貶、口舌是非……等不勝枚舉，而生命原本就存在著許多無法掌控的事。」

林小姐問：「那我還要活著做什麼呢？沒婚姻、小孩，只有一份低薪的工作，感覺上沒有活著的意義。」

我說：「**人，之所以能夠快樂、勇敢，來自我們願意去處理『可控制』的部分，並在其中不斷超越、成長。**雖然做到這些，還達不到真正自在圓滿的境界，卻能為自己開啟嶄新的一頁，從A點跨越到B點甚至直達Z點，比起在A點原地重複打轉，更有成就感與價值感。」

林小姐面有難色地說：「我能比以前快樂、進步一些些就滿足了，可是我覺得自己辦不到……」

我說：「覺得自己不夠好、什麼事都做不來、一事無成、沒有把握、無法下決定或不值得擁有，來自童年和成長過程中持續積累的『自我否定』。」

林小姐語帶埋怨說：「一切都來自於媽媽對我的否定、打擊和批評，讓我不敢輕易去嘗試不熟悉的事物。」

我提點她說：「不是這樣的，母親的態度和行為，不是我們可以掌控的部分，**唯一可控制的是妳的『內心世界』**。」

林小姐不解地問：「可是，如果我完全依照媽媽的意願去做，她至少會給我好臉色看，這麼說來，媽媽不也應該算是我可控制的範圍嗎？」

我搖頭說：「母親仍然不是妳可控制的範圍，因為她對妳的態度取決於她的心情好壞；況且，妳是逼迫自己去完成她的期待，內心積壓了大量『不情願』，久而久之導致妳喪失自信、勇敢，甚至畏懼談感情導致單身。」

林小姐鼓起勇氣說：「好，我願意改變，您可以指點我方法嗎？」

我說：「可以，但先把妳的出氣人偶拿出來給我。」

話一說完，林小姐臉色大變，一臉錯愕地看著我。「這……您……」她以慢動作拿起擺放在座位旁的側揹包，整個人矛盾又不安，遲疑著下一步該怎麼做，同時以眼神向我示意：「真的要拿出來嗎？」我正色點了點頭，此時她緊張握拳的手終於鬆開，緩慢地拉開拉鍊，從裡頭掏出一只用毛線材質編織而成的白色人形玩偶。圓形的頭部和四肢，臉上還有兩顆黑色塑膠珠代表眼睛，是造型可愛中又帶點玄奇感的「巫毒娃娃」。

從她手中接下了巫毒出氣娃娃看了看，表面有破洞及反覆捶打、揉捏過的痕跡。我問：「妳把它當作是哥哥，在不順心或母親對妳冷嘲熱諷時拿它出氣，對嗎？」

只見林小姐情緒略微激動地說：「對！憑什麼都要我讓著哥哥，他經常失業，個性懶散、暴躁又愛作威作福，常對媽媽大呼小叫，爸爸不管事成天遊山玩水，到頭來反而要我當媽媽的替身去照顧哥哥！」

我說：「重男輕女的家庭，多半由母親和其他女性承擔起日常生活的一切，造成家中男性在過度保護之下，失去『面對挫折』的機會缺乏抗壓性，自然無法在社會上與他人競爭，導致哥哥即使有了工作，遭遇輕微困難便容易萌生辭意。無獨有偶，妳父親也因妻子過度溺愛兒子，長期以來覺得不被關注，產生了疏離感，轉而發展出其它興趣嗜好，心思完全不在這個家。」

林小姐說：「我明白，所以只要覺得委屈的時候，我就會拿娃娃出氣洩憤；今天早上出門前，我無端被哥哥謾罵，才把巫毒娃娃放進包包裡，沒想到竟然被您發現……」

我拿著出氣娃娃說：「這個娃娃，應該來到了第三代。」

林小姐說：「不是，正確計算的話，它是第五個，以前小時候沒有巫毒娃娃這類產品，所以是用其它玩偶來出氣。」

我說：「出氣娃娃可以讓妳宣洩情緒，獲得短暫的心理平衡，但這麼一來，卻會讓妳陷入『怨懟』漩渦裡，不如放棄使用這種方式，勇敢面對自己，**掌控好自己『可控制』的部分，學習和負面的陰影、情緒、厭惡相處，並且停止自我批判。**」

林小姐迷惘地說：「我還是不知道該怎麼做……」

我問：「剛剛我的提議裡，哪一個方法最吸引妳？」

林小姐答：「不去掌控『不可控制』的部分，包括媽媽的情緒、偏心還有哥哥惡言相向，我會試著先把自己的心情照顧好。」

我說：「很好，我們確實不可控制他人的看法或觀感，就算別人對妳不好或心生不滿，也不須為此自責，因為我們無法干預別人要如何對待或評價我們；況且，任何人都『不希望』被控制，妳也正因為如此才想搬出去住，逃離母親的掌控，不是嗎？」

林小姐點頭說：「對！我搬出去目的是為了逃離她的控制，但聽您說完，我也不應該『期待』別人必須用『我想要』的方式來對待我。」

我讚許地說：「很有智慧！**我們不應該為了『符合自己期待』去做出任何影響他人的『行為』**，不論出發動機是善意或惡意，當我們把自己的期待強加到別人身上時，是一種『不尊重』，甚至無意間會用『言語暴力』對待及操控他人。」

林小姐說：「對，媽媽和哥哥就屬於言語暴力，利用冷嘲熱諷或破口大罵方式，逼迫我完成他們想要的期待，那種口氣跟態度讓我深深覺得自己不被尊重。不過，回頭想想，我和他們也沒多大差別，他們做出的行為是去傷害別人，而我是傷害自己，只能說果真是一家人。」

我鼓勵她說：「能觀察到這一點很了不起了，妳其實比定義中的自己更具智慧，目前只缺乏『勇敢』踏出這一步而已。」

林小姐坦承說：「我承認自己不勇敢，害怕陌生環境、有密集恐懼症，也不敢作出改變、容易低潮跟討厭自己。」

我接著說：「還會在瀏覽 YouTube 影片的時候，按下『我不喜歡』的圖標。」

林小姐再次因為我的話而驚慌失措，不由得低下頭左右來回張望，尷尬到想找個地洞把頭埋進洞裡。看著她素顏睜著一雙大眼，露出難為情的神色，舉動像是小孩子犯錯被發現一樣，模樣十分可愛但又著實令人為她感到心疼。

我微笑著安撫她說：「別慌張，這也是人之常情。人，一旦習慣了批判、指責自己，那股深藏在心裡的躁動情緒會駕馭理智，進而利用否定他人的『衝撞』方式來釋放平時所遭受的委屈；網路上的酸民，多半是因為這樣而產生。但是，妳該**觀察自己準備按下負面圖標前和按下之後的整個過程及感受**，其實，兩者的差別之處，只是代表心底的『自我肯定』或『自我否定』而已。」

林小姐不解地問：「點按喜歡或不喜歡的圖標，應該是針對影片好壞，跟自我肯定有什麼關聯呢？」

我答：「**『肯定自己』的人，對於所見所聞帶有一股平靜，因為心底找不到任何壞標籤**，即便他們跟妳觀看同一支影片，卻沒有妳的忿忿不平，頂多對影片內容沒有反應罷了。**但習慣『否定自己』的人，所見所聞充斥著緊繃及壓力，因為心底不存在任何正面的好標籤。**」

見她專心聆聽，我緊接著說：「**否定自己的人，會不自覺去『怪罪』他人，假借講道理或『爭辯對錯』但實質上是『宣洩情緒』，讓自己免於負擔責任。**」

林小姐說：「這麼一來，怪罪他人就無法同理別人，因為根本沒在傾聽他人的說法，只顧發洩自己的情緒或急著爭辯誰對誰錯。」

我說：「對，不斷試圖想要釐清『對、錯』，卻忽略他人的意見，其實是無法勇敢面對內心脆弱的表現，甚至用說謊去掩蓋事實，把錯誤歸咎於他人。」

林小姐問：「那麼，我該如何勇敢地去肯定自己？」

我說：「**勇敢承認自己目前的心理狀態，卻不批判自己。當懂得如何掌控自己的『好心情』，漸漸地也會發現自己的好**。」

林小姐點點頭說：「好，我筆記下來了！接下來，我又該如何實踐夢想呢？」

我說：「在基於安全、不違背道德、不妨礙他人和不傷害自己的前提下，勇於嘗試以往不曾嘗試過的事情，會不斷發現自己其實擁有許多特質和潛能。不過，邁出第一步時，是最艱難也最容易打退堂鼓的階段，這時候更要秉持做了再說的原則，然後繼續堅持下去，不用害怕做錯或擔心功虧一簣。」

林小姐問：「您可以再多給我一點提示嗎？」

我說：「參加社團、使用社群軟體或到外地旅遊，增加跟別人互動的機會，在過程中**持續嘗試與恐懼相處**。現在的妳，應該要先懂得善待自己，才能回過頭去愛惜家人。」

林小姐又問：「所以，我可以從家裡搬出去，在外面短期居住嗎？」

我反問她：「妳搬出去住是不是基於我剛所說的安全、不違背道德、不妨礙他人跟不傷害自己這幾個前提下呢？」

林小姐肯定地說：「是，全都符合！」

我說：「那就准許妳搬出去住，爾後勇敢地去探索自己，短暫逃離母親的控制也給彼此適當空間，但最終目標是要找回失去『愛』的家庭。」

林小姐高興地說：「太好了，我不再需要巫毒娃娃了！」

閱讀至此，是否感到林小姐的故事有些似曾相識？還記不記得先前章節裡提及過被媽媽要求說：「好吃的東西多留一份給哥哥。」而把愛吃的車輪餅放回紙袋的小玫？

小玫，是林小姐童年時期的小名；順利找到租屋處的她，搬家當天提著兩只布面軟殼行李箱，毅然決然地離開了原生家庭。

她站在公寓樓下，仰望四樓那個從小到大居住的家時，徹底明瞭「改變」的起點就從這一刻開始，同時清楚明白：短暫的離去絕非無情割捨，而是藉此整理生鏽已久的心酸回憶，再去重新開始。

整理完心情過後，她決定暫時把最愛的家人當作一場過去，收拾起過往傷痛勇敢展開新生活，讓內心的狂風海嘯獲得片刻寧靜。她拖著沉甸甸的行李箱，滾輪在水泥地上發出震動聲響，似乎正不斷叮嚀著她：「跨出這一步後，要『記得勇敢』。」

給摯愛的你：

童年不會傷人，會傷人的是心中的糾結；除了自己，沒人能帶我們走出陰霾，不如讓無法過去的留在過去，從現在開始去接受眼前的好。

——紫嚴

勇敢小叮嚀　專注在「可控制」範圍，做回勇敢的自己

當挫折來到面前，我們便開始了選擇。然而，每個人的選擇不盡相同，有人選擇面對，有人選擇繞道而行，也有人遭遇挫折就放棄、裹足不前。

你可能有過：「我現在心情糟透了，怎麼會這樣？」、「我是不是焦慮症要發作了？可能是剛剛被什麼事情影響了……」或是：「我真的有夠笨，明明可以把工作做好，但又犯跟上一次同樣的錯，實在太糊塗了！」……等念頭，在腦海中重複上演一幕幕悲情小故事，徒增痛苦與糾結。

一旦，你忽略了先愛惜自己，脆弱便會悄悄地來臨，總覺得自己不夠好，什麼事都做不來、難以下決策、認為自己不配擁有或把錯誤歸咎於自己，甚至放大他人給予的負面評價，再和心底已預設的評斷如：「我真的不夠好」、「是我有問題」相呼應，一而再、再而三去印證「我沒有價值」的觀念，從本該是

「待價而沽」自行貶抑成「低價待估」的窘境，不自覺地掉入情緒深淵，形成一種惡性循環。

然而，人生最大的困擾是：「**我們耗盡心思試圖掌控『不可控制』的事件，卻棄守了自己『可控制』的部分。**」

你應該記得，上大學之前，就讀的班級都有將打掃區域及責任歸屬清楚劃分的「打掃分配表」，詳細分派每個學生的打掃項目和範圍，再由衛生股長、副衛生股長協助監督進度。

從這樣的成長過程汲取經驗，成年後的我們，也可以把來到生命現場的任何「發生」釐清並區分成「可控制」及「不可控制」兩種類別。就像打掃分配一樣，我們應專注在自己負責的區域內，而不是頻頻越界。將心思著重在可控制的範圍內，比如：自己的心情、情緒、思維、認知、解讀角度、感受、態度、應對的行動或言詞，積極地面對、接受及調整，掌控好自己能力可及的事。

同時，放棄不可控制的部分，例如：氣候、既定事實、意外、過去陰霾、生病、他人回饋乃至昨天發生過的事。假設，問題是由我們所造成的，事後理應負起責任或檢討，但他人的評價，就不屬於我們所能控制的範圍，況且也不清楚評價者的真正目的，因此毋須對莫須有的指控或負面看法感到糾結，如同打掃時別人亂丟垃圾到你負責區域以外的地方，你可以選擇「不打掃」。

或許，你想知道：「如果是別人把垃圾丟進我們負責範圍內該如何呢？」不妨試著去同理他們，因為「**控制不了自己的人，才會想要去掌控別人**」，因而企圖亂丟情緒垃圾到你負責的區域內，甚至要求你為他負責。也有可能那些人口口聲聲說：「我是關心你耶！」其實，關心和控制兩者之間截然不同，「**關**

心」是在乎他人的內心感受，而「控制他人」說穿了只是在意自己的感受。

勇敢地來一趟說走就走的「放棄『不可控制』之旅」吧！

何不，做回那個勇敢而真實的自己，一旦你愈來愈相信自己，就更懂得肯定自己，發揮出自己的特質，也愈能接受批評和失敗。親愛的，只有認為自己是巨人的時候，你才會成為真正的巨人。

給摯愛的你：

自我肯定的觀念、勇於嘗試的改變，當我們把自己照顧得很好時，幸福自然會悄悄地來臨。

——紫嚴

轉過身向前，走入勇敢層級

你是否有過這樣的經驗：聽見一首被傳唱十多年、耳熟能詳的經典歌曲，回想起當初乍聽之時的心情，如今再次聆聽，竟有了不同於以往的解讀或感觸？不同時期的感受代表了當時心境，哼唱著同樣的旋律、歌詞，對比今昔，思路卻南轅北轍，過往與曲中人境遇相似的悲傷，隨著生命故事演變，像翻開一頁頁泛黃相片，每一張都令人記憶猶新。故事中的主角，綻放著燦爛笑容，承載了一段段過去，也歷經了許多峰迴路轉，踏出的每一步，都是一個成長。

所謂的成功，可以劃分為兩類：第一類指的是內心以外的人事物，包括金錢、名車、豪宅等物質，或外界給予的高度評價、功成名就等；第二類則是內心的境界、心態與信念，包含了精神層次、自我評價、自我認同、感受，以及不斷地超越自我。

外界所能追求到的人事物，多半是用來與他人攀比、競爭，從中獲取肯定和歸屬感，但人的攀比是無止盡的，在相互較量中，我們可能永遠無法真正喜歡自己。成功是難得的輝煌及榮耀，但它也時常是短暫的存在，反覆上演著「等待」、「得到」、「失去」三種循環，即便你用盡力氣贏了，心，也可能累了。

第一類的成功，往往是第二類成功的「彰顯」，**當內心視野和境界提升了，外在的成功才會水到渠成。**而成功不僅僅單純是獲得物質享受、外界肯定，還需要更深一層次的內心涵養素質，因為我們都知道「別人給的」支持，只能讓你獲得短暫的勇氣，**唯有從「心」盛開的成就，及超越自我過程裡激盪出的勇敢，才真正永遠屬於你。**

然而，生命的深度是……

遇見，

再遇見，

又再遇見，

再再遇見。

遇見的對象不是他人，而是不同勇敢層級的自己。

踏入不同的勇敢層級，好比攀登摩天大樓，站在地面上遙望樓頂，看似高不可攀，其實每向上一步，就距離目標更近一步。登上最高點並非唯一目標或劃下休止符的終點，而是**過程中你盡情地投入**，在各個樓層停留和體驗過後，仍**保有往更高樓層出發的好奇心勇敢探索，放膽追求心靈上的挑戰**，為自己努力負責，不放棄認真的權利，與相遇的人協同合作結伴前行，直到抵達頂樓回首過往，每個樓層代表了遇見不同層次的自己。沒攀爬過低樓層亦不會有高樓層的成就與感受，就像哼著同一首老歌心情卻天差地遠，那份懷抱勇敢、堅持向上的動力，最值得你細細品味、朝觀暮覽。

因為深愛自己，你才會勇敢，也因為勇敢過，你才無愧於自己。接下來的章節，請和我一起走入進而穿越勇敢層級，這絕非要扭轉你的懦弱、膽怯，而是帶你邁向心中嚮往之地……

給摯愛的你：

內心如何定義自己，決定了你會成為什麼樣的人。

——紫嚴

第四章

第一層級勇敢——清楚定義自己，基礎維度修練

信任自己，不怕別人定義你

心的強大，來自能與不堪、委屈共處，最終，超越舊思維的自己。

有一種愜意的享受，是在煩囂中擁有一份清靜，有一種強大的勇敢，是在自卑中得到一份自信，不如，繼續與我一起跟隨書中的情境，尋回那失散已久的自己。

或許，你經常感到自卑，總覺得自己不如他人。從小家境、外貌長相、學習能力屈居劣勢，眼看著比我們擁有其他優勢的同學或朋友，含著金湯匙出生身穿名牌、使用新款手機；容貌天生麗質外加修長美腿；具備過目不忘、逢考必勝的超凡學習力；在國外求學畢業於知名學府，出社會後毋須投遞履歷，仰仗家庭人脈運籌帷幄就能空降上市上櫃大公司。反觀自己，卻要省吃儉用、辛苦打工才能湊足學費、補習費，手上拿的是過時行動電話，長相平凡身材不佳，得靠特殊剪裁的褲子修飾雙腿線條，想出國留學還須申請就學貸款……

如果一味地把自己的短處與他人優勢相比，便無法活出真性情及發揮個人長才，容易陷入怪罪身世、抱怨大環境的壞心情裡，甚至誤以為成功者是靠天賦或專屬於富貴人家的特權，認定他人成就來自於得天獨厚的家世背景，一開始起跑點就不公平。這麼一來，容易變得怨天尤人，凡事先怪罪他人，選擇與成功者保持距離，抑或在言談間無意地批評、貶低他們。然而，這些動作並沒有辦法讓自己日漸強大，反倒成為酸民中的一份子，用挑釁、貶抑的言詞，讓不滿情緒獲得暫時性的紓解，事實上，任誰都不想這樣自怨自艾地活著。

其實，認識自己的優勢、接納自己的劣勢，**清楚定義出自己的立足點**，爾後勇敢地依循優勢發揮所長，才能保有真實的自我，不妨，讓我們一同嘗試走向這條康莊大道。

二〇一四年底，我陸續收到從國外各地寄來的明信片，來自日本的東京、大阪，到二〇一五年的英國倫敦、愛丁堡，二〇一六年則是瑞士茵特拉根，以及二〇一七年的法國巴黎。

每張明信片後方，都留有一句寄件人分享當時心情的短文，從日本的：「在這裡，我可以。」到法國的：「感謝您，讓我遇見自己的好。」最後那張寄自法國明信片上的話，尤其令我深感欣慰，不枉這麼多年來陪伴著她一起成長。

經過這些年，終於盼到這顆星星重拾自信、綻放光芒的時刻。並非是她獲得什麼了不起的成就或生活富裕闊綽，而是不懼黑暗、堅持勇敢的信念，帶著她尋覓到適得其所的夜空，自此恆常地發出熠熠星光，成為天上耀眼奪目的星宿。而我深信，你也可以做到！

挫折是逗號，更是下一個峰迴路轉

我們無法回到童年重新開始，但每個人都可以把今天當作轉捩點再次出發，撰寫出一個全然不同的結局。

誰說童年陰影和成長過程的創傷，會讓人一蹶不振？又是誰說童年曾被剝奪安全感的人，容易陷入焦慮狀態變得神經質？抑或是聽誰說過出身在基層家庭的人已輸在起跑點，長大成年後必定難以出人頭地？話是別人說的，但人生的路永遠是自己走出來的。

每個人，必然是獨一無二的「唯一」，就像世界上找不到兩枚完全相同的指紋一樣，一旦**你能勇敢定義自己，未來勢必會成為你所定義的樣子**。童年被稱作小玫的林小姐，就是明信片的寄件者，她跨越了重重難關，體會到**挫折只是讓人暫緩腳步的逗號，而非句號，更是下一個峰迴路轉的開始。**

攜著行李箱離開原生家庭，在外租屋展開新生活的林小姐，居住在士林區公司附近的十多坪套房。剛開始維持一般上班族朝九晚五的生活型態，偶爾回老家探望母親和家人，但母親對她離家獨居仍十分不諒解，不時收到老人家的抱怨簡訊：「小孩子長大了，了不起會飛了。」、「看看別人家女兒多貼心，妳還算是我女兒嗎？」踏出家門會被指責是預料中的事，她明白，與其因為這樣而難過，不如積極做好自己的本分，用心規劃未來。

某次，她在瀏覽網路拍賣平台時靈機一動，善用自己從事採購的專業背景，並勤於研究高人氣賣家的商品特色及營運模式，在對網拍有著充分了解和十足把握下，找來兩位同事合夥入股，從小本經營的兼職模式開始進行網拍銷售。

半年後，她在二〇一二年初辭去電子公司採購助理的職務，全心投入網拍購物市場，把居住套房充當臨時辦公室，每天工作時數高達十三小時，遠超過以往在職期間。同時捨棄週末休假，除了用餐和郵寄商品之外，其他時間總是待在筆電前緊盯螢幕，回覆網友提出的產品問題、提供售後服務，一刻都不敢懈怠。

經過十個月持續勤奮工作之後，逐漸開始有了亮眼的銷售成績，她進一步租下隔壁棟老公寓一樓作為商品進出貨倉庫，並聘請鄰居的一名家庭主婦負責管理貨品並處理物流。為了呈現商品的多樣特色，她學會架設簡易攝影棚自行拍攝商品照，從修圖到詳盡產品介紹文字全都一手包辦，細心又負責任的態度吸引許多買家光顧，累積了好口碑，引起網友們主動發起團購。

正當她嶄露頭角，成為網拍賣場的頂尖賣家後，萬萬沒料想到一連串的災難竟接踵而至。首先是小型電子商品的生產瑕疵，導致使用時經常接觸不良，引發了七天鑑賞期內的退貨潮；無獨有偶，另一個嬰兒爬行墊因工廠製造、品管流程疏失，導致團購買家收到貨打開包裝後竟散發出刺鼻的塑膠味，同樣遭到大量退貨，還得面臨排山倒海而來的負面評價，緊接著是隔熱玻璃杯出了問題……即便她釋出誠意用心善後，仍有買家毫不客氣地給予強烈抨擊，加上競爭對手運用低價策略搶市，讓她的生意一落千丈，瀕臨營運停擺的困局，因而陷入憂鬱哀怨的痛苦低潮裡。

事發後某一晚，她回到老家門口，從口袋裡拿出鑰匙準備開門時，赫然發現鑰匙孔居然跟手中的鑰匙不吻合，仔細觀察後才發現家人早已偷偷換了鎖頭。完全被蒙在鼓裡的她頓時感到晴天霹靂，無助地蹲坐在家門外，不敢按電鈴也沒勇氣撥打家中電話，深深明白到：她已經被這個家排除在外了。

過了一會兒，她好不容易收拾起情緒，走下樓梯來到一樓外的人行道上，望著曾經再熟悉不過的家，陽台上流瀉出客廳的明亮燈光，但她的心卻宛如房間的燈被狠狠拔了插頭似的一片漆黑，任憑淚水不斷滑落，也難以帶走心底的陣陣酸楚。

回到租屋套房，傷心、空虛、無助的感覺如海嘯般席捲而來，剛得知事件經過的朋友，傳來一則又一則關切簡訊：「放心，事情一定沒有妳想像中的糟。」、「出門散散心吧，別悶壞了。」、「一定會好轉的，加油！」、「天下無難事，只怕有心人。」、「會不會是太久沒回家妳走錯地方了？一定是誤會！」、「不要胡思亂想，快樂一點嘛！」……看起來充滿鼓勵和溫暖的訊息，對她來說毫無意義，既空泛也沒任何幫助，索性關機不接受任何形式的安慰，整個人彷彿深陷在暗黑漩渦中動彈不得，心底更湧現了無比的悲傷，思緒狂亂紛飛，不斷想著：「我是不被愛的。」、「我的家在哪？」……

後來，她強打起精神走進浴室、面向鏡子，看見自己哭到浮腫的雙眼、凌亂不堪的頭髮，一股強烈的情緒猛然迸發，頓時打從心底恨透眼前所見的這個人，隨即轉身走到小廚房，拿起鍋鏟朝浴室鏡子丟了過去。當鏡子應聲碎裂發出哐啷聲響、玻璃碎片灑落滿地時，這才驚覺到自己行為失控，趕緊回到電腦桌前試圖轉移注意力。她以顫抖的右手握住滑鼠，佯裝鎮定地在滑鼠墊上滑動，眼神卻沒有焦點，只是直盯著螢幕發楞。

不一會兒，她回神意識到筆電後方貼有之前請益帶回的便箋，上頭有我清晰的字跡，寫著：「**掌控自己的『好心情』，漸漸地會發現自己的好。**」於是，她鼓起勇氣敲打鍵盤，傳了一封訊息給過去任職的公司主管，很快地收到了回覆：「我早說過網路生意不好經營，回來上班吧！」看見主管的回答，再度讓她感到心灰意冷，接著撥了電話給我的助理，希望能預約時間請益。結束對話前，我的助理對她說：「跑累了，不如放慢腳步試著去沉澱，不需要多久，就會有力量繼續走下去！」

掛了電話後，她無力地躺在床上直視天花板，找不回過去從事網路購物的熱情，也明白現在更應該要積極工作回應買家、扭轉劣勢，卻無力抬起沉重不堪的身軀，不自覺地累到睡著……睡夢中，她看見一波又一波的海浪不斷拍打著岸邊的礁岩，接著夢見自己經過蜿蜒山脈和原始檜木林區，來到一處湖泊前，只見湖面平靜無波，清楚映照出周遭景色。接著，她慢慢走近湖邊，見到倒映在水面的自己，此時，依稀從遠方傳來陣陣鼓勵聲：「靜下心，感受心底深處的勇敢，重新定義自己。」、「不去掌控不可控制的人事物。」……聽完後，盤據在她內心的糾結、難過逐漸止息，轉為深沉平靜的熟睡狀態。

隔天，她一覺醒來繼續打起精神工作，聯繫衛浴廠商更換浴鏡，一如往常地處理出貨、商品上架事宜，恢復以往作息，同時不去掌控「能力所不可及」的事物，調整態度將心力用於打理自己該做的事務，把心思花在值得付出的地方。平和地面對日常生活，大幅降低了內心的對抗與衝突，雖然業績仍然不見起色，卻領悟到了該如何陪伴低潮的自己。

時間來到林小姐預約請益的當天，見到我後，她說：「導師您好，上次見您是兩年多前，目前我在經營網拍購物，剛面臨合夥人退股的問題。」

我說：「辛苦妳了，其實，人生在高處時不愁沒朋友，總在落難的時候，才會明白誰是真朋友。」

林小姐說：「我認真做好該扮演的角色，其他事情不是我能掌控的，只能虛心接受這些發生。」

我讚許地說：「妳和過去兩年前我所認識的小玫截然不同，少了哀愁、怨懟、膽怯、怕生，面對痛苦經歷重新學習接受。這，是無價的成熟。現在的妳，能告訴我自己的優點嗎？」

林小姐思考一陣子後，回答說：「我的心思敏感細膩，能察覺到別人的情緒，自從創業以後，自我要求變得更高，幾乎到了吹毛求疵的地步；但最好的優點應該還是耐性和善良。」

我點了點頭，問道：「很好，這種個性會衍生出什麼問題呢？」

林小姐答：「因為敏感，就容易被他人情緒牽動，讓自己身陷低潮，遇到衝突會先選擇迴避，跟他人保持距離，以免被無端波及；自我要求高的話，則會給自己過多壓力，不容許犯下任何錯誤。」

我繼續問：「那麼，妳願意給予自己肯定嗎？」

林小姐說：「我真的常否定自己，甚至會用否定方式逼迫自己完成別人的期待，再藉由別人的肯定來評價自己。」

我反問她：「這麼一來，妳還沒等到成功來臨，內心就先衍生出一堆問題，也容易因此失去向上的動力，又怎麼有足夠耐性去完成下一件事呢？」

林小姐贊同地說：「對，所以我又會再用強迫的方式，逼自己『有耐性』地去符合別人的期待。」

我再問：「這樣的話，妳還有辦法去信任別人嗎？」

林小姐遲疑了一會兒，回答說：「沒辦法！」

我說：「人，如果**失去了『信任』這個穩固基礎，愛，便無法順利構築**，更直接影響到日常的人際關係交流。」

林小姐恍然大悟地說：「所以我才一直保持單身，雖然有人追求，但是我卻找不到愛的感覺，聽您這麼一說，才明白原來是因為我不相信別人。」

我繼續說：「還有打從心底不相信自己值得擁有幸福，也從不認為美好會降臨到自己身上。」

林小姐說：「也許是因為原生家庭的父母相處模式，造成我對情感關係的懼怕和抗拒。」

我說：「妳擔心會重蹈父母的覆轍，事實上，鴛鴦從來不會誤將天鵝當成伴侶，原因是牠們向來忠於自己。所以，**唯有先做到『清楚定義自己』，才有可能成為妳所定義的人。**」

林小姐問：「面對這一種拋不開又根深蒂固的感受，要怎麼從中突破呢？」

我反問她：「那麼，妳是怎麼做到毅然決然離開原生家庭，又自行創業，銷售成績還曾經一度名列前茅呢？」

林小姐答：「清楚知道自己可以，然後就去做了。」

我說：「對，這就是所謂的『清楚定義自己』，然後妳將逐漸成為妳所定義的人。」

聽完我說的話，林小姐深鎖已久的眉心瞬間舒展、放鬆了下來，如釋重負地說：「我好像突然解開了什麼結，像隻被囚禁很久的鳥從籠子裡釋放出來一樣，更意識到這個籠子其實是自己給的。經歷工作的挫折後，我怎麼會笨到全盤否定自己，還難過到摔破鏡子，深陷嚴重低潮。這就像手裡的化妝用海綿不小心掉到爛泥巴裡，把它撿起來後嚴厲譴責自己為什麼會弄髒一樣。事實上，挫敗就只是挫敗，只要內心對挫折的定義清楚了，再修正方向繼續前進，不需要因此過度自責，如同海綿弄髒了拿去洗就好，何必一直糾結在爛泥巴上。」

我說：「心靈脆弱的人，會陷在爛泥巴裡糾結許久，遲遲走不出困境。愈是渲染眼前的情緒，對自己愈加不利。」

林小姐說：「所以遇到挫折時，只要信任自己，然後去做就對了！」

我點點頭說：「很好，**挫折是另一種變相的激勵，為的是讓自己往更好的方向邁進。**」

林小姐爽朗地說：「原來如此，我沒問題了，好開心！那麼，我想調整工作型態，讓自己活得更有彈性，不知道行不行呢？」

我建議說：「妳可以考慮去國外自助旅行，在基於安全的前提下勇敢嘗試。」

林小姐贊同地說：「這真的值得考慮，過去我很害怕待在陌生環境，現在應該可以克服了。」

我提醒她說：「旅行的目的如果只是為了享受或放鬆，便失去了它的價值和意義。妳應該要試著融入當地文化，**顛覆原有的思想限制，看見渺小的自己**，進而鬆綁以往的舊有觀念，重建自信。」

林小姐點頭說：「好，我會做到。」

接著，我話鋒一轉問道：「妳的母親很愛妳，妳願意嘗試接受這份愛嗎？」

林小姐倔強地說：「是她自己偷換門鎖，我早就被她遺棄在外，也完全感受不到她愛我。」

我提點她說：「**定義自己是被愛的，看清楚事件背後的主因，迎來的會是下一個峰迴路轉。**」

林小姐點點頭說：「我明白了！清楚自己方向的人，不論人潮再擁擠、路途再曲折，一定能抵達目的地。」

我欣慰地說：「妳，真的跟以前不一樣了。」

人生中所扮演的每一個角色，無論是父母、子女、夫妻或主管、下屬，必然都會有撞牆卡關的時期，能經得起考驗、承受得起挫折，才叫人生。

結束這次的請益後，林小姐調整工作營運模式，不拘泥只在網拍賣場銷售，同時著手經營網路購物商城，業績逐漸恢復到以往水準，後來更有了大幅度成長。二〇一四年，她勇敢地作出一項決定，就是先前我所建議的「海外自助旅行」，在做足功課、合乎安全的前提下，開始嘗試挑戰與超越自己。

勇於突破，讓人迅速褪去一層又一層膽怯的面紗，隨著旅途中應付各種突發狀況及過程，啟發了林小姐隨機應變、解決難題的能力。二〇一五年結束英國行回台後，她開始將網購事業平台拓展到與部落客、直播主進行跨界合作，二〇一七年正式成立新辦公室，以順應時勢但不急功躁進的穩健態度，一步步實踐她的理想。

人生，有時就是這麼奧妙，一旦「清楚定義自己」，便能從容面對許多事情。二〇一六年八月，林小姐母親發生一場車禍，事發原因是母親騎車轉彎時未打方向燈，以致遭到後方來車失察追撞，大小腿經車體衝撞導致骨折，手臂則因撞擊後機車倒地打滑，造成嚴重擦傷及挫傷。事後，相較於哥哥和父親敷衍了事、不負責任的態度，只有林小姐每天待在母親身邊細心照料，陪同進行肌力復健，讓原本充滿怨懟的母女關係終於破冰。在照顧的同時，林小姐更進一步得知母親未曾對她說出口的祕密：原來，媽媽早已在私底下為她備妥嫁妝。

後來，林小姐真誠地與我分享：「家人一直深深地影響著我的生命，也是內心最想去愛護的人。」二〇一八年，她在新北市土城區買下人生第一間新房，並邀請家人一同居住。從過去的老舊公寓搬到知名社區建案，她以自身勇敢奮鬥的歷程，給予了母親和家人最高的肯定與榮耀。

給摯愛的你：

一旦，你清楚定義了自己，就不會再擔心別人怎麼想，更將勇於嘗試任何可能，無畏艱難，堅定地走下去！

——紫嚴

勇敢小叮嚀

三步驟，帶你「清楚定義自己」

軟嫩蛋花，在熱呼呼的湯中載浮載沉，彷彿溫泉池中盛開的黃牡丹，散發出陣陣濃郁香氣，令人垂涎三尺。這，是我常親手做的「蛋花湯」。

製作美味的蛋花湯，秘訣在於「攪」、「滾」、「倒」三個重要程序。在攪拌蛋汁過程裡方向必須一致，直到蛋黃和蛋白充分混合成均勻色澤；煮水時，須等待水滾至完全沸騰，否則蛋汁會混濁一片無法成形，成了濁水湯。最後則是將蛋汁倒入鍋中，此時要放慢動作，防止蛋汁結成塊狀，才能形成美麗動人的蛋花。

如同煮蛋花湯有秘訣，**「清楚定義自己」**的訣竅則在於**「接受」、「評價」、「信任」三個步驟**，也是愛自己的第一步。

首先，從「**接受自己優、缺點**」開始。不接納自己、無法容忍自己弱點的人，也難以獲得他人接納，無法與別人友好合作。

漠視自己缺點的人無法進步，待人處事彈性低，不易適應轉變也害怕改變，連帶讓思考、行動僵化，以致於對人生感到枯燥乏味，甚至愛挑剔自己缺點，對外界人事物時常保持戰戰兢兢，內心不斷上演自我苛求戲碼，像是逼迫自己面向強光嚴加檢視自己的影子一樣，把心力用在自我鬥爭上，削弱了奮發的力量，無力作出任何修正。

不妨，充分評估、掌握自身優勢和能力，同時帶著「熱情」與「動力」，持續鑽研及精進自己最「擅長的事」。另一方面，勇於接受既有缺點，衡量該如何在自身可掌控的範圍內勇於嘗試、突破，找到出口，走出重複慣性困局。如同月球同時存在著亮面與暗面，人亦是如此，勇敢接受自我的優、缺點，才能真正發揮出你原有的光采。

接著，**從懂得「評價自己」著手**，這牽涉到是否能夠自我成長及實現理想。自我評價「低」者，難以勇敢面對問題，總覺得自己「辦不到」、「好困難」，或勉強說服自己：「我努力看看」，對人事物經常保持觀望態度，不願付諸行動，想得多、做得少，習慣被動地付出。

相反的，自我評價「過高」的人，看似正面積極，實際上卻對外界環境缺乏覺察力及敏銳度，以致於經常錯估情勢導致失敗；待人處事上，容易忽略他人感受而不自知，採取自以為是的方式或帶著高姿態與他人互動，反倒招來他人負面評價。

大多數人依據他人對自己的評價及回應，來評斷自己的好壞，但他人評價無法反映出我們的「全貌」，狹隘地取決於對方當時的觀點、心情、好惡而定。

所以，**評價自己必須透過「他人評價」和「自我內化觀察」兩者同步去達成。**並非一昧受他人影響左右自己的判斷，也不自我感覺良好閉門造車，而是透過外界反饋再回流到自身內心檢視，以較深度的自我覺知作出評價。積極藉由這個方式持續練習，你將逐步勇敢地面對自己，不吝於給予自我「鼓舞」和「肯定」，也能夠誠實檢討缺失，開始懂得尊重別人、讚美他人優點，進而發展出健全身心和圓融的人情關係。

最後，**「信任自己」，這會影響你對「世界」和「愛」的基本感受**，也關乎與他人的相處。信任是每個人與生俱來的特質，自投胎前便已經足夠完整，但有些人在童年與父母親的相處過程中，因缺乏關愛而產生了不信任感，這份根深蒂固的觀念反映到自我信任上，導致自我定位薄弱，容易譴責自己、懷疑他人、猜測、害怕被傷害而過度悲觀，需要經過每天累積、鍛鍊，內化建構出「信任」感。

直白地說：「**信任自己，才能夠信任別人；不信任自己，也無法信任任何人。**」

信任自己的簡易方法，是**絕對「依賴自己」**，並且相信我們存有力量完成各個階段的課題與任務，信任自己可以應付外界的發生，乃至內心真實的「情緒」或「感覺」，都能夠坦然忠實地去「接受」。聆聽內心，知道自己真正的需求，達到停止自我責備並保持心靈平靜，是對自己的勇敢。

願意**「信任自己」，就同時能接納這個世界；當「愛」已存在內心，接下來是等待它恢復並展現原有的樣貌**。這麼一來，將會愈來愈懂得珍惜自己、愛護他人，即使有人欺騙或背叛你，徹底擊潰你對他原有的信任，也不至於把這份傷害擴大，變得不相信任何人。願意自我信任的人，在未來勢必遇見更多的「愛」與「可能」。

一顆種子，需要土壤、空氣、水等條件，才能順利成長直至開花結果。真正的勇敢，是由**「善待自己的優缺點」、「中肯地自我評價」**及**「全然信任自己」**定義而成，你，更將在這清楚的定義中，成為自己所定義的人。

給摯愛的你：

所謂成功，是一段段勇敢經歷鋪設而成的結果。不怕失敗、嘗試冒險，就能成就屬於自己的頂尖。

——紫嚴

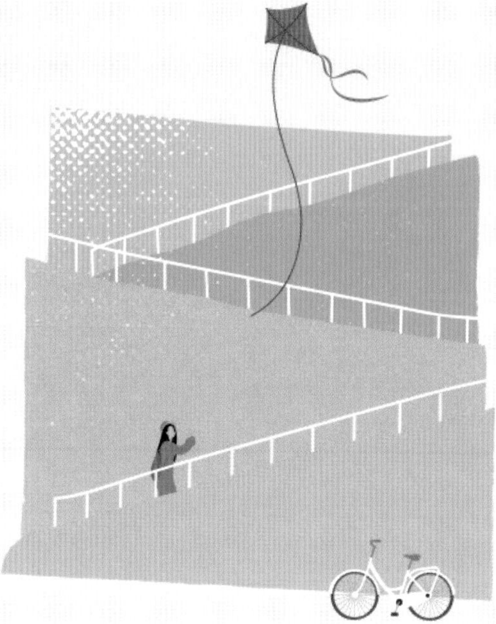

第五章

第二層級勇敢——鬆綁得失心，突破慣性，進階維度修練

輕鬆勇敢，實現自我

有一種努力，毋須太耗勁，適合獨自面對困境的你；有一種勇敢，沒有焦慮更毫不費力，適合在膽怯時去嘗試。當你這麼做了，將遇見超越後的遼闊，欣賞屬於自己的美麗景色。

勇敢，其實沒有想像中困難。或許你正面臨徬徨困境和挫折磨練，然而，習慣總把生活畫成一個封閉的圓，讓你停在原地來回踱步無數次，經歷一次又一次被否定、拒絕，嘗遍失敗的滋味。數不清有多少信心，被既成的事實無情擊潰，散落一地；曾經懷抱著許多美好憧憬，卻事與願違，澆熄了當初的熱情。每一次，好不容易才擠擠出一絲勇敢，換來的卻是挫敗連連或傷心欲絕。而我們，是如此渴望藉由成就帶來不同體驗，更盼望能重新定義自己，站在勇敢中持續追尋各種鍛鍊和學習，有別以往、走出框架，進一步發揮所長。

親愛的，請務必相信，只要透過適當的努力與行動，就能溫柔地推翻那根深蒂固的膽怯，重獲自信。

多想幫你找回屬於自己的勇敢，與每一個深藏在心中的願望產生連結，讓「我願意」、「我可以」不再難以啟齒，也不再感到迷惘徬徨，對於人生，你擁有必然的選擇權！

勇敢，不是要你努力；透過努力拚搏出來的成就，並不是真勇敢。

「我一定要減肥嗎？非得要結婚嗎？一定要讀到碩士畢業嗎？」不清楚從什麼時候開始，幸渝添購的服裝尺碼愈來愈大，每天出門上班前，從衣櫃裡只挑選深色系的服飾穿上，當她站在穿衣鏡前、望著豐腴的自己，內心總充滿許多壓力；看著好友和另一半出雙入對，入住清幽民宿，或在山野間搭帳棚露營，那份相親相愛的幸福感，讓她只想迴避遠離，而午休時間同事突如其來關心她何時完成碩士論文，更令她如坐針氈，急忙轉移話題。

因為在意，所以想逃離，因為逃離，才讓自己變得愈來愈畏懼。你有沒有發現，愈想逃避的那一刻，愈會感到一種**反覆的糾結**？那種糾結，彷彿會瞬間吞噬掉眼前既有的快樂，像是把自己丟進廢棄廚餘桶般產生一股否定感，腦袋裡更跳脫不開那些重複上演的橋段。如果你熟悉這種感受，也對這樣的自己感到無助，接下來我和幸渝的對話，或許可以成為你的「**勇敢處方箋**」。

幸渝一見到我，開門見山地說：「導師您好，為什麼我無法勇敢作出抉擇呢？」

我答：「這歸因於妳過去曾經失敗、退縮的經驗，以致於再次面臨挑戰時患得患失，不敢下定決心。」

幸渝無奈地說：「我很努力，包括努力寫論文跟減重，可是到目前為止論文只完成了大綱；至於減重……看來我身上的脂肪很喜歡我，沒有想要離開的跡象。」

我問她：「妳寫論文是為了畢業？減重是為了健康嗎？」

幸渝回答：「當然是這樣，我要完成碩士論文才能畢業，減肥除了是為健康著想，也能讓自己變得賞心悅目。」

我說：「**人一旦有了目標，就有壓力，不懂得妥善運用壓力，便會感到焦慮、迷惘，緊接著心浮氣躁、恐懼隨之而來，限縮了原有的勇敢。**」

幸渝問道：「聽起來好像數學公式『1＋1-1-1-1＝-1』，所以結果是負的嗎？」

我答：「不只如此，很多人是負20或負40，甚至留待下一次繼續扣分。」

幸渝又問：「這麼說來，人生不就愈活愈不勇敢了嗎？」

我反問她：「妳怎麼不覺得壓力是負1，而是正1呢？」

幸渝答：「我瞎猜的！」

我說：「妳猜得很對，有目標是勇敢，而『壓力』是勇敢的『推力』，失去壓力等同於丟失目標。」

幸渝說：「那我還真是會猜。可是我的確如您所說，一想到要畢業，先是有壓力跑出來，再遇到寫論文，焦慮就像跟屁蟲一樣黏了上來，然後在電腦螢幕前心浮氣躁，恐懼自己寫不出來。」

我說：「能否善用壓力，所得的結果也不盡相同，這就好比飛機需要升力、推力、重力和阻力，才得以上升或下降，一旦失去這些交互作用的力量，便無法遨遊天際。焦慮跟糾結是情緒，也是無法妥善運用壓力之下出現的心理衝突，把自己搞得緊張兮兮、煩躁不已卻毫無幫助。」

幸渝問：「那麼，壓力有什麼好處嗎？」

我答：「不計其數，可以激發意志、開啟潛能、保持活力、應對挑戰、督促成長及自我實現……等，這些都是壓力帶來的幫助。」

幸渝不解地問：「可是，我身邊有成就的人都超有壓力、戰戰兢兢的，深怕一不小心會出什麼狀況。我公司主管就是一個典型的例子，三不五時愛挑人毛病，而且都是些雞毛蒜皮無關緊要的小事；另一個金牌業務員的朋友，業績可以用成果輝煌來形容，可是待人處事卻精於算計、巧言令色，以銷售利益為出發點，反倒讓人感到有壓力，這些，都是因為無法善用壓力造成的嗎？」

我答：「**壓力是正向動力，焦慮是因為專注得失**。過度在意得失結果的人，容易有不安全感，掌控欲強烈，不容許任何事出差錯，情緒也會反覆無常不穩定。另外，某些人把控制欲鎖定在成果上，凡事皆以利益為導向，一心想要贏得勝利，因而在無意間把旁人當作棋子、視為自己成功的踏板，與人互動會貌是情非。」

幸渝問：「把人當作成功的踏板？這樣不就是虛偽嗎？」

我說：「其實，虛偽是妖魔化的說法，我反對。他們只是太在乎勝敗、得失，在付出和回報之間不斷周旋，以致於對別人的讚美和討好帶有目的性。」

幸渝又問：「這麼說來，不了解自己的人，才會不經意地虛偽待人嗎？」

我說：「是不理解他們的人為他們貼上了虛偽的標籤，但他們並沒有蓄意冒犯的意圖；不過，他們確實是因為不了解自己而行動，把結果看得比自己的感受更重要，也忽略了他人感受及真誠相待。」

放下焦慮糾結，規律突破現有困境

聽完我所說的，幸渝心有戚戚焉地說：「把結果、得失看得太重，真的會傷害自己和別人。有一次我準備撰寫論文，或許是擔心無法如期畢業的關係，心情很沮喪，除了遲遲無法動筆之外，連父親敲門溫馨提醒我該吃飯了，都可以把我惹怒還忍不住對他發飆，在事後卻又超級後悔。」

我說：「對，放大得失心就像陷入火坑一樣，接踵而來的是畏懼、情緒、掌控，導致壓力轉變為退縮、煩躁跟利用。」

幸渝疑惑地問：「掌控、利用？放大得失造成情緒之後，是要利用什麼呢？」

我答：「利用他人『發洩』情緒，好比夫妻之間吵架，相互爭執辯解的是對錯或輸贏，也可能是彼此之間的尊卑。另外，放大得失心還容易去掌控他人『達成』自己的期望，這時候關注的是利弊，希望別人順從自己，反之就會排擠他人。」

幸渝接著問道：「剛才您談到過度放大得失心會造成焦慮情緒，如果回到壓力本身的話，怎麼做才可以幫助自己呢？」

我說：「勇敢確立了目標，必然會有壓力，此時，可以**把焦點著重在『事件』上，將欲達成的目標『分割』規劃成一個個小步驟，再分段循序逐一進行，同時保持彈性，接受任何突發變化，從中尋找替代解決方案、探索不同策略方向，並傾聽他人意見進行修正**，在邁向目標的過程中發展出**意志力**，當中沒有焦慮、糾結等情緒。」

幸渝若有所思地說：「聽起來壓力和意志力之間有很大的關聯。」

我點點頭肯定她說：「妳很聰明，壓力可以轉化成意志力，也是內心勇敢的展現。」

幸渝問：「那麼，壓力又是如何變成意志力的呢？」

我答：「**壓力等同於『能量』，透過定義賦予它『方向』，而後形成了意志力。**」

幸渝說：「可是問題來了，您是導師，我是凡人，意志力只會造成我的『不舒服』，讓腦袋不聽使喚地想要放棄。」

我說：「這是因為妳對自己太苛刻，無法忍受不經意的放縱，過於頻繁地要求自己保持意志力，反倒引起焦慮、退縮、畏懼等副作用。不如**按部就班地**去做，才有好的開始。」

幸渝問：「假設，以我要完成論文作為範例的話，該怎麼做呢？」

我答：「**第一、屏除誘惑環境，暫時遠離和規劃相違背的人事物**。比如準備撰寫論文前妳有習慣先滑手機的毛病，不如把手機這個誘惑放在不容易看到的地方，再輕鬆地運用一點小意志力，便可以順利完成。」

幸渝追問道：「可是有時候心裡就是沒有想寫的衝動，該怎麼辦呢？」

我接著說：「**第二、養成讓自己專注十五分鐘的習慣，超過十五分鐘之後才能放棄**。」

幸渝說：「那也太簡單了吧?!可是如果過了十五分鐘後論文進度沒跟上原先的規劃就放棄，又該怎麼辦呢？」

我說：「不太可能會這樣，通常人一旦開始專注了，就不容易停止下來。」

幸渝驚喜地說：「這個方法果然不費力！但我是美食、甜食主義者，十五分鐘不吃的方法對我好像不太適用，超過十五分鐘後我還是會想辦法找甜食來吃。」

我說：「無法抵抗誘惑是導致放棄的根源，這時候，回到第一個屏除誘惑環境的方法上，例如：移除妳追蹤的甜食網路社團，如果朋友邀請妳一起去吃美食，花五秒鐘善意回絕；想要吃美食時，告訴自己下個月還是想吃的話再行動。」

幸渝為難地說：「過了一個月以後，可能連想都不會想了！請您再多傳授我一個方法。」

我說：「**第三、維持規律步調，不輕易改變**。每天在規劃的時間內完成該做的事項，不輕易挪動或拖延，避免出現今天先不寫論文、明天再補回來，今天先大吃大喝、明天再節食，或是今天發懶不運動，明天再拉長運動時間的情況，因為等到了明天，妳也會覺得明天再說好了。」

幸渝坦承說：「我就是您剛說的這種拖拖拉拉的人。」

我繼續說：「依照妳的慣性，即使到了就寢時間也一樣會拖延，遲遲無法準時睡覺。」

幸渝說：「對，我睡覺時間從來都不固定，非得等到真的累了，才甘願關燈上床就寢。」

我說：「妳就**保持心情的彈性**，不需要持續擠壓或逼迫自己。因為**勇敢毋須太努力，愈是努力，回饋而來的反倒是愈不勇敢**。」

幸渝若有所悟地說：「聽您說完以上的方法，其實說穿了就是設定目標、清楚確認方向，再維持規律步調、檢視成效及彈性修正，這麼一來，壓力會自然推動我們往理想目標前進。」

我讚許地說：「非常好！很有智慧！」

幸渝緊接著問：「最後我有一個關於感情的問題想請教導師。緣分會讓我遇到對的另一半嗎？」

我問：「妳覺得自己設定的標準並不高，卻遲遲沒遇到適合的對象？」

幸渝回應我說：「對！我設定的對象標準只有身高一百七十公分以上跟善良、陽光類型，就這樣而已。」

我反問她：「如果對方什麼都好，但唯一的缺點是脾氣不穩定，時不時會暴跳如雷，妳還願意接受嗎？」

幸渝面露難色說：「那……我還是寧願一個人好了，跟這種個性的人相處太累了！」

我提醒她說：「這個世界上，沒有絕對完美或完全符合自己期待的另一半，只有『對』的人而已。」

幸渝疑惑地問：「既然是對的人，怎麼會不符合自己的期待呢？」

我說：「很多人把對的人跟自己理想中的類型混淆了，也經常把有感覺的人誤認為是對的人，朝夕相處之後卻因不堪彼此的折磨而分開。」

幸渝又問：「那麼，什麼樣的人才是對的人呢？」

我答：「緣分確實會引領我們和對的人相遇，但同時**自己也需要做好準備**。」

幸渝依舊不解，問道：「對的人不就是對的嗎？何必要做好準備呢？」

我說：「倘若某個人在網路訂購了晚上七點出發的高鐵車票，但到了七點他卻沒有準時在月台候車，那麼，他能夠搭上這班高鐵列車嗎？全車的人又會不會等他呢？」

幸渝恍然大悟地說：「這個比喻我能理解，不去充實自己做足準備，卻只想找一個人來依賴，再好的緣分也會錯過。」

我繼續說：「**所謂『對的人』屬於『成長型愛情』**，集結諸多條件、因素而成立，至少是這兩個人已經先具備了正確『愛人』的心態，進一步見到雙方的『優點』產生情愫，抑或是其中一人的心態健全間接影響到另一個人，彼此相互成長，進而建立出深厚的情感關係。」

幸渝反對我說：「這點我要反駁！很多人剛開始都可以無條件接受對方，你儂我儂地相處，也沒有具備健全或正確愛人的心態啊?!」

我說：「那是『激情』加上『距離』的催化，大多數人在熱戀期確實愛得轟轟烈烈、充滿濃情蜜意，一旦激情、心動的感覺消失，或是兩人相處零距離時無法相互支持、成長、付出和欣賞，這份情感終將難敵時間的侵蝕，必然以分手或離婚收場。」

幸渝問：「所以，我必須要先培養自信和勇敢，而不是一直擔心嫁不出去，不斷給自己壓力和焦慮對嗎？」

我點頭說：「對。」

幸渝說：「確實是如此，照現在的情況看來，連我都不喜歡自己了，別人又怎麼會愛上我呢？」

我鼓勵她說：「妳已經有了這份認知，相信不久便會與他相遇。」

給摯愛的你：

人生，像是漫長的行腳之旅，在光陰的巷弄裡，經過多少迷惘、脆弱、退縮，若不想虛擲當下、徬徨蹉跎，不如就此放下焦慮和糾結的包袱，循序漸進，輕鬆啟程。

——紫嚴

勇敢小叮嚀

允許脆弱，將「壓力」昇華為「意志力」

身處在這競爭激烈的世界，周圍的人紛紛絞盡腦汁思索著該如何脫穎而出。但許多人因為不清楚自己的成長步調，不時要求自己必須急起直追，努力跟上旁人腳步，以致於過度督促自己、引發焦慮而感到「疲乏不堪」，**誤以為「勇敢」就得要「很用力」的迷思，反倒讓人失去原先作出決定的初衷。**無論是完成特定計畫如：運動健身、存錢理財、達成階段性學習成果、添購房產、改善人際關係、健康管理、培養良好作息……等，曾經，自己是那麼渴望能夠抵達目標，憧憬著遇見美好未來，沒想到卻製造出大量焦慮導致心情受挫，削弱了行動力，甚至面臨徬徨無助的局面，不知下一步該往哪走。

首先，**允許自己可以脆弱、倒退幾步**，鬆開那雙逞強用力掐住自己脖子的手，這並不是軟弱的表現，而是容許自己擁有「放空」、「喘息」的機會。人生就像一場馬拉松，倘若一開始就全力以赴進行衝刺，將不會有足夠體力到達終點，唯有**保持穩定的換氣頻率和步伐節奏**，即使繞點路、慢一點抵達也不要緊，更毋須和他人較量，**讓輕鬆和喜悅帶領你繼續堅持下去**，因為，每個人的生命旅程本來就是各自精彩。

同時，不過分地責罰、委屈自己，**面臨低迷情緒，最適切的方法是「陪伴自己」體驗情緒，任由它自然來去，不試圖抗拒或逃避**，也可以透過**「直受呼吸」或「靜坐」**沉澱思緒，訓練**心靈安住於當下**，放鬆心智短暫遠離焦慮情緒，有助於重整思維。再加上規律運動如散步、慢跑舒緩緊繃身心，漸漸地，你將懂得妥善運用「壓力」，賦予壓力明確的方向，進而轉變為意志力。

你，正迎風而上，乘著它的力量，在遼闊大海上掌穩船舵，從容應對迎面而來一道道海浪的考驗。就像生命中突如其來的難題一般，毋須過分努力而是懂得判斷、拿捏，即便暗夜海面偶有狂風吹亂了風帆，你依然不為所惑，堅定方向勇敢前行。追逐，有時候不是為了得到什麼，而是雲淡風輕地把過去拋諸腦後，將根深蒂固的膽怯、糾結、障礙等舊有習慣輕輕揉碎，隨著風兒飄散，讓內心重獲「自由」，自此，你將迎向黎明的那道曙光。因為，唯有你值得擁有。

給摯愛的你：

面對壓力，請對自己溫柔一些……不過分在乎得失、結果，我深信你會愈來愈勇敢。

——紫嚴

心智茁壯，放手勇敢

初夏的雨，下一陣子就放晴了，片刻的脆弱，轉眼一瞬間就過了；永遠別在他人的競賽場上奪取勝利，而是回到信任自己，重燃你對生命的勇氣。

勇敢的人，總是親手為自己打造理想，也許只是漫長人生中的一小個階段，有時卻能帶給你無限希望。在未來的日子裡，嘗試打破習慣迴圈，時而一小步時而一大步地按照規劃踏實向前走。生命需要寬度但也不能忽略高度，練習接受他人回饋的意見，從中汲取他人觀點拓展視野，同時在挫折中尋找替代解決方案；也別忘了肯定自我、積極創造熱忱，持續挑戰自己保持一定的成就感。**只要比過去的自己進步，你就走在實踐的道路上**。等到有那麼一天，你將發現：曾經歷過的挫折正滋長萌芽出堅毅的信心，一旦穿越這一切，終究會實現自己的夢想。

「妳是……？」我看著眼前這位似曾相識的女子，疑惑地問道。她擁有一張瓜子臉和清澈雙眸，體態輕盈，舉止端莊嫻雅，流露出一股清新的氣質。

「導師，我是幸渝，四年多不見，您好嗎？」她微笑回答。

我笑著對她說：「妳至少減重有三十公斤，我幾乎快認不出妳來了。」

幸渝站起來，在我面前轉了一圈之後說：「我總共瘦了三十七公斤，這是減少攝取高卡路里食物加上積極健身運動的成果。」

我豎起大拇指稱讚她：「我對妳另眼相看。」

幸渝面帶笑容高興地說：「依照您的方法，我輕輕鬆鬆地瘦了下來，後來也如期畢業了。」

我說：「我記得妳當時苦惱於論文的撰寫，處於心智疲乏的撞牆期。」

幸渝說：「沒錯，當時的煎熬幾乎讓我生不如死，不過向您請益之後我發現：**糾結在『情緒』裡面最為內耗，而愈厭惡這種情緒就會陷得愈深**，淹沒了所有的勇敢和信心，讓我進退不得。但在鬆綁了得失心後，心情緩和許多，我也依照您所教的方法，把完成目標的過程規劃成一個個小步驟，再維持規律步調，輕而易舉地完成論文也順利畢業。」

我說：「**努力＋低潮情緒＝原地踏步或『龜速』前進**。」

幸渝贊同地說：「您說的我能感同身受，愈逼自己要努力，獲得的痛苦阻力就愈大。所以當時我的減重計畫只給自己每天達成一些小目標，規律實踐一個月後，成效非常顯著，再持之以恆，才造就了今天的我。」

我說：「當初看起來遙不可及的目標，居然成了今天的輕鬆笑談。」

幸渝繼續說：「而且，我發現自己對於突破困難得了『成癮症』，最近才剛去報名攀岩和烘焙課程，以往不願意嘗試的事情，現在似乎都來者不拒。」

我讚許她說：「很好，還有其他的改變嗎？」

幸渝回答：「太多了，用『族繁不及備載』這句話來形容很恰當，就像去年底公司組織縮編，把另一個部門移交給我管理，當時我發現自己毫不猶豫便同意了，以前的我是能迴避就迴避，現在反而不再畏懼任何挑戰，目前我手上的兩個部門運作都非常穩定；接著是農曆年後某一天，我偶然經過板橋區江子翠的一間預售屋，在充分評估、了解之後，當晚就毅然決定簽約，以往我對買房子抱持著背負房貸等於自我虐待的心態，如今卻有了一百八十度的大逆轉，而且在事後為自己晉升成有殼一族感到超級開心！另外，我也脫離了一群酒肉朋友，以前和他們總是形影不離，相互討拍取暖和抱怨、宣洩壓力，現在則是說斷就斷，不再需要這種互動模式了。」

我說：「『**心智強大**』**的人，勇於接受任何變化及挑戰**。」

幸渝驚喜地說：「但這轉變未免也太大了，連我自己都感到訝異，因為實在太不像我原本的個性。」

我問她：「那麼，妳喜歡原來的樣子，還是現在這個勇敢的自己呢？」

幸渝開朗地說：「我非常喜歡自己現在的樣子，這才像真正的活出自己。以往我總是畏畏縮縮、猶疑不定又缺乏自信，煩惱也是無窮無盡，根本就不快樂。」

我說：「當我們能輕鬆克服日常面臨的困擾，情緒便無法在內心形成糾結，像是高級鐵氟龍材質的不沾鍋一樣，就算用再大的火力去煎煮炒炸，也能隨著清水沖洗簡單地去除油漬。」

幸渝有些疑惑地說：「可是，我是自然而然轉變成現在的模樣，不確定自己是否如您所說的那般心智強大。」

我說：「心智是否強大，可以從『是否勇於接受新挑戰、情緒困擾時數、能否客觀分析策略、自我回饋並修正，以及有無堅持的意志力』這幾點來判斷。」

幸渝驚喜地說：「太棒了！我符合好幾項耶！」

我反問她：「妳知道自己為什麼會出現這樣的轉變嗎？」

幸渝答：「不清楚，這正是我想了解的。」

我說：「**第一、專注過程而不關注得失或結果**，大幅降低了情緒糾結的機會；**第二、在探索過程中掌握到處理事情的節奏感**，不疾不徐地運用策略面對；**第三、信任、依賴自己**，在過程中積極實踐自我，並妥善分配時間養成了高效率。」

幸渝依舊有些不解，問道：「可是，我是無意識地去完成那些事情，為什麼過去的我做不到，而且會覺得困難重重呢？」

我答：「過去的妳，遭逢挫折時情緒容易爆炸，當我們帶著情緒處理問題，就像拿鐵鎚試圖打開易開罐的拉環一樣，用錯方法反而多此一舉、徒勞無功。如今的妳，能輕鬆地區分『情緒』和『事件』兩者的不同，**把心思投入在事件本身**，進而解決問題更提升了自信。」

幸渝接著說：「所以形成了正向循環，變得愈來愈勇敢。」

我點頭說：「沒錯，勇敢會建立自信，而自信會再讓自己更加勇敢。」

幸渝喜出望外地說：「太神奇了！就好像脫胎換骨一樣。」

我笑著對她說：「這就跟妳目前的體重、身材、面容一樣，確實印證了脫胎換骨這一點。」

幸渝說：「不只這樣，上個月公司發布了人事公告，我要升遷了！」

我說：「好事接二連三，來自於妳願意『誠實』地面對自己。」

幸渝說：「這點我承認，接受自己的情緒、看法、恐懼甚至是愚蠢，停止責備然後聆聽內心的感受，即使面臨壓力也會自然熟成為意志力，反而讓自己更勇敢。」

我說：「肌肉夠強健，就能舉起高於自己體重的物品，而心智就跟肌肉一樣，經歷勇敢的淬鍊，便能造就出不懼挫折的堅毅韌性。」

幸渝點點頭，繼續說道：「現在的我很滿意自己，但還學不會怎麼去面對討厭我的人。雖然脫離了一群酒肉朋友，卻也傳來許多中傷的閒言閒語，即使知道遠離他們是正確的決定，可是我還是會被一股否定感給干擾。」

我說：「妳應該有去過鶯歌的陶瓷老街。」

幸渝說：「有，以前我很常去那裡閒逛。」

我說：「鶯歌陶瓷非常出名，興盛時期甚至還有『台灣景德鎮』的美名。每個店家都陳設了琳瑯滿目的陶瓷作品，在妳逛完一圈之後必然會有三種感受：一、我喜歡，二、我不喜歡，三、還好。」

幸渝回想了一下，說道：「對，某些我喜歡的陶瓷品還真的價值不菲，也有些怎麼看都看不出價值在哪裡，當然還有一些陶瓷作品風格太古板，所以不喜歡。」

我說：「**無論如何，這世界至少存在三種人：第一、認同你的人，第二、不認同你的人，第三、保持中立沒有回饋的人。**」

幸渝瞠目結舌地說：「哇！您這真的是神比喻！突然之間我被您所說的話給震驚到了！」

我繼續說：「同理可證，在妳的眼裡至少也存在著認同、不認同跟沒有評價的人，是吧？」

幸渝點頭說：「確實是如此！」

我說：「每個人的生活周遭必定有這三種人，即使是在網路世界也不例外。」

幸渝思考一陣子後，說：「好像是這樣沒錯，再怎麼出名的人，也一定有力挺、抨擊他或是毫無回應的人，幾乎沒有誰可以倖免身邊有這三種人的存在。」

我說：「再真誠的人，也有人看他們就是虛偽，再努力的人，也有人覺得他們不勞而獲，再堅強的人，也有人認為他們是膽怯，再可憐的人，也有人認定他們自作自受，這就是**多元觀點**的世界，也是亙古不變的事實。」

幸渝說：「您說的我很認同，過去不論我再怎麼樣去討好或釋出善意，某幾個朋友還是會看我不順眼。」

我說：「討厭妳的人，不見得會因為妳的善意付出而改觀，喜歡妳的人，也不會因為妳一時的忽略而不悅。清楚明白自己的心態、行為，對得起良心同時去包容對方，其餘的不是我們能掌控的範圍，不如就順其自然吧！」

幸渝感嘆地說：「我真的沒看過 YouTube 超過百萬瀏覽次數卻是零負評的影片，反而隨著觀看人數愈多，按下負面圖標的人就愈多。可惜，我們一般人卻都竭盡所能地逼自己做到零指責、零批判。」

我說：「不勇敢、不理解自己和沒有自信的人，一旦付出就寄望換來他人等值的肯定，藉此填補內心膽怯的缺口，漠視了建立正向自我認知這一點。」

幸渝問：「這麼說來，有自信又勇敢做自己的人，是不是能夠在他人給出好評價的時候去感謝對方，給出壞評價的話則給予尊重呢？」

我說：「對，妳回答得非常好。」

幸渝又問：「所以討厭自己的人，也很難解讀他人的善意，是這樣嗎？」

我答：「對，就像已經認定先生有外遇的女人，不論老公對她再怎麼呵護關心備至，也無法讓她真正安心下來。**討厭自己的人，容易把『成見擺第一』，**一旦心中已經有既定的想法，就很難完整聽取別人的意見，更不可能去直觀事實。然而，喜歡自己的人，會勇敢坦承自己是怎樣的一個人，不論好或壞都勇於接受，而不是只想要保留優點，刻意抹煞缺點。」

幸渝恍然大悟地說：「原來如此，**喜歡自己、不依附他人的肯定就是『勇敢』，在外界和內心之間取得平衡則是『成長』**，我完全懂了！」

我讚賞她說：「妳真的夠聰明睿智，而妳，也應該快要結婚了。」

幸渝驚喜地說：「厲害！果然難逃您的法眼。在這裡要與您分享好消息，上個月我男友跟我求婚，預計在明年中之前完婚，他正是如您所說脾氣不好又擇善固執的那種人，可是我能接受，不是因為還在熱戀期，而是因為他能和我一起攜手成長。」

我衷心向她道賀：「恭喜妳！跨越了一道道關卡，不只擁有了自信，還讓生命洋溢著甜蜜與幸福。」

勇敢小叮嚀

擦亮心緒，跳脫煩惱操控

人生之中最重要的人，從來不是別人，而是我們自己。每當我們不斷付出，將心力花費在煩惱他人問題，或把他人當作生命不可或缺的重心時，卻往往忽略了亟需要被關注的自己。我們總天真地以為從別人身上獲得肯定才是成就感，輕易地釋出快樂和痛苦的主導權，交由對方來操控我們的感受，漸漸地，不知從何時開始，你總是覺得自己凡事不如別人，長相沒有他人好看、能力不夠優秀、生活一團混亂……似乎，變得看什麼都不順眼。

如此徬徨不安、憂心別人的眼光、害怕他人的評判、委屈地向他人妥協，或是凡事都斤斤計較，這些，都源自於內心缺乏自信所導致。其實，誠實聆聽內心的渴望，才會找到自己真正想要的，而**為自己負起責任，是從懂得「照顧自己」開始**。我們不需要汲汲營營追尋他人的認同，只要給予自己更多的肯定，試著在安住內心之後，再作出任何決定，**一旦心念平和了，外界事物才可能追隨你一起邁向幸福**。

我們都知道，擁有健康的身體才能享受生活，倘若心智能夠強大、勇敢，才得以從容不迫地面對外界事物。放下情緒包袱，將使你更有力量應付挑戰，不再畏懼任何變化和困擾，不再矛盾於每一個岔路的選擇，不再對未來憂心忡忡，不再猶豫不決心煩意亂。所以，聰明如你，別再被情緒操弄、左右，面臨煩惱時，**先著手調整心情，再接著處理問題，當我們擦亮了心緒，困擾便迎刃而解**。你將進一步明白自己的優勢，並看重已經擁有的特質，而後把「喜歡做的事」與「擅長做的事」相互結合，讓人生成為自己獨一無二的創作，盡情揮灑，展開屬於你的「興趣」和「天賦」之旅。

給摯愛的你：

別忘了生命中最平凡又美麗的一切，不妨卸下桎梏心靈的枷鎖，從輕鬆的好心情裡，滋長出「喜歡自己」的能力。

——紫嚴

第六章

第三層級勇敢——超越自我，游刃有餘，修練維度再攀升

真心嚮往，「依順」成功者的勇敢

光陰荏苒，世事匆匆，親愛的，請好好珍惜此次機會，別辜負了今生這一趟完美的旅程。

遼闊，是什麼樣的感覺？

位於台東市的國際地標「海濱公園」，是各地遊客前往台東必定會造訪的景點。海岸邊佇立著一塊刻有「迎曙之濱」四字的石碑，是東台灣迎接黎明第一道曙光的最佳地點。經過了木棧道，來到環繞園區的水泥步道，輕柔宜人的太平洋海風，徐徐吹拂過臉龐，挾帶著淡淡海水氣味，隨著呼吸緩緩沁入，是如此的自然清新。

當你面向海岸，映入眼簾的是一望無際的蔚藍大海，和萬里無雲的晴朗天空。燦爛的陽光，明亮地映照在海平面上，此時，思緒遠離了世俗紛擾，彷彿清空了一切。空蕩的心，只為了納入眼前這片碧海藍天。

一碧如洗的天空，灑落下和煦光芒，如薄紗羽毛般輕透的浮雲，慢條斯理地隨風飄動。凝望著無邊無際的海洋，深深地被此刻寧靜、廣闊、悠閒的氛圍給吸引，心馳神往著那無限開闊的未來。當你褪去所有心智活動，不去比較國內外曾經造訪過的風景名勝，眼前這片景色便會與你真切地呼應，隨著浪潮拍岸進退，讓心靜靜地處於如花盛放般「綻開」的狀態，這，就是所謂心的「遼闊」了。

我們每天徘徊在熟悉的環境裡，眼前所見的事物，存在著我們和它們之間的故事；周遭接觸到的人，流轉著我們與他們之間的際遇。對此，有些人覺得有趣，也有人感到無聊，生活的每個片段、各個角落猶如擬真又虛幻的世界，與其說是外在環境賦予我們喜怒哀樂的感受，倒不如說是人們先蠢蠢欲動地為世界貼上許許多多的標籤，模擬出自己的認知及定義，日復一日，憑藉著既有的概念生活下去。也因此，有些人到了海邊卻不中意海風，認為它帶有鹽分讓肌膚乾燥不適，還飄散著一股鹹鹹的腥味令人反胃；毒辣的炙陽，曬得皮膚渾身發燙，一心只想閃躲甚至遠離，全然漠視了當前的美麗海景。同樣的環境，卻因為「心境」的「封閉」或「開放」，出現了天差地遠的感受。

每一個人都擁有自己獨一無二的心智，面對遼闊的海景，有人掙扎著從海邊離開，也有人留連忘返靜佇岸邊。

倘若將生活比喻為大海，我們就像划行在海面上的小船，這艘小船承載了所有和自己有關的記憶，讓我們在「生活」的大海中漂流、體驗。看似「沒有目的地的旅行」，究竟會航向何方？若周圍的小島是你心中的目標，遠方的城市則是偉大的夢想，而「心」的嚮往就像是船舵，控制著航行方向。航程中，有些人是結伴同行，也有人選擇獨自前往，但放眼望去，這才明瞭除了自己的划槳小船，別人搭乘的卻是水上摩托車、帆船、快艇、豪華遊艇，甚至是大型郵輪。

人生航程乘載的工具大小、速度，好比是每個人的**「勇敢」承受量和力度，它能決定我們抵達目的地的快慢**，這也是為什麼有些人可以在短時間內到達目標，有些人則無法做到，而它的體積、規模，也關乎著能否禁得起風浪來襲，在人生遭遇挫折考驗時得以安然度過。至於船隻是否偏離航道，甚至觸礁擱淺，全仰賴我們「心智」所作出的決策、行為而定。

碧華，是某本土公司的業務主任，職場資歷豐富，同事們都稱譽她是「妙手回春」，再無解難搞的客戶一旦到她手上，最後都能順利合作，工作績效十分卓著。但中型企業的年薪畢竟有限，縱然她頻頻想要尋覓新屋，但礙於財務狀況的通盤考量，不得不放棄這個夢想，只能和獨子居住在父親留下來屋齡四十年以上的老房子裡，繼續忍受著逢大雨必漏水、梅雨季節多壁癌的潮濕環境生活。

聽完我剛才的比喻後，碧華說：「導師，您說的划槳小船很像是在形容我。」

我說：「妳已經是水上摩托車了，一般挫折已不會對妳構成多大困擾。」

碧華無奈地說：「問題是，我這台水上摩托車只能來回穿梭在台灣各個沙灘，現在的目標是換新房子和存到人生後半輩子的養老金，這根本就像是從台東到夏威夷的距離一樣，只靠水上摩托車前往的話，還沒經過菲律賓海域就先沉沒了，永遠到達不了目的地啊！」

我說：「也是。」

碧華繼續說：「我父親的老房子是大哥的資產，未來勢必得交還給他。」

我建議說：「妳可以轉換職場，讓自己有所突破。」

碧華說：「我想換公司很久了，只是一直不敢下定決心，畢竟目前的待遇足夠生活也能存錢，但距離目標實在很遙遠，就算現在手頭上的錢夠支付頭期款，可是還有孩子的生活費跟學費要支出，接下來的貸款可能會讓日子過得很緊迫。」

我點點頭說：「這麼說也沒錯，妳這台水上摩托車一旦換去大碼頭停泊，恐怕會輸人一大截。」

碧華說：「您可是偉大的導師，必然能指點我下一步該怎麼走。」

我說：「真不愧是『妙手回春』的業務嘴，好口才果然名不虛傳。」

碧華誠懇地說：「不，我說的是肺腑之言，真心實意。」

我接著說：「今年妳先去補習英文，明年下半年再找工作，到時候會出現適合的機會。」

碧華驚恐地說：「補英文?!我離開大學以後幾乎就沒用過英文了，那是我最沒辦法做到的事。」

我反問她：「所以妳的意思是，妳這台水上摩托拖車連從高雄出發都到不了澎湖馬公嗎？」

碧華說：「我的勇敢還沒到達這種水準，拜託客戶找業績我還辦得到，但補習英文簡直要我的命。」

我接著問她：「妳應該參觀過公司副總經理的房子，也坐過她開的名車吧？」

碧華避重就輕地說：「您……副總經理可是出身名門，我怎麼能跟她相提並論呢……」

我說：「我反對妳的說法，妳的副總經理是依靠自身實力成就今天的地位，**當妳發自內心稱羨他人，未來，也勢必能成為他人。**」

碧華故作淡定說：「我羨慕她很久了，也沒看到自己有什麼長進。」

我直白地說：「那是嫉妒，不是羨慕。」

碧華強調說：「我心目中最尊貴的大師和人生導師，我真的沒有嫉妒她。」

我說：「**真正的羨慕是『心中嚮往』，帶有依順的含意，**表示妳把副總當作學習範本，這麼一來妳的生命才有**屬於自己未來方向的藍圖**，目前我並沒有看到妳的心智中有這份意象。」

碧華無奈地說：「可是，我怎麼有辦法變得跟副總一樣呢？」

我說：「**見到他人身上的光芒，深信別人是憑藉勇敢、努力獲得成就，妳也將因此擁有這份相同的力量。**」

碧華疑惑地問：「問題是，水上摩托車怎麼可能因為嚮往他人就變成快艇呢？」

我說：「水上摩托車和快艇的差異，只在於勇敢的承受量和展現出的力度，依妳的毅力，學習英文應該不是一件難事。」

碧華問：「所以，您是要我這台水上摩托車開外掛嗎？」

我說：「對，**不去嘗試，永遠不會知道自己的極限在哪。**」

碧華又問：「請容許我鬼打牆重複發問，所以，深信別人的勇敢，自己就能輕鬆複製對方的勇敢嗎？」

我說：「對，**成功者的快艇只是心智狀態的顯現。**在他們的性格中，有不同於一般人的堅持、認真，同時不易屈服現況，懂得為自己製造機會。」

碧華說：「這點我有，在業績表現上我絕對贏過副總，不服輸的性格也跟她大同小異。」

我說：「所以，妳的業績才能名列前茅，但是水上摩托車只有在剛起步的時候速度快了點，續航力則遠不及快艇。」

碧華問：「所以，您就是要逼我去學英文，對嗎？」

我反問她說：「如果拋開預期的心理抗拒，妳會想學英文嗎？」

碧華思考了一陣子之後，回答說：「會！這是我目前最缺乏的能力。」

我繼續問：「現在，妳打從心底去嚮往副總，會覺得自己還欠缺什麼呢？」

碧華說：「可以見到大格局的眼界、細膩又正向的領導方式，還有對工作的熱情、善於溝通的語言技巧。」

我說：「非常好，其實還差一個。」

碧華困惑地說：「有嗎？該說的我都坦承了！」

我說：「鞭策自己不斷突破。」

碧華問：「這是什麼意思呢？」

我說：「成功者至少可以劃分為三類，第一類、踩著別人而成功，極盡所能**想要超越別人，只關注自己是否勝過他人；第二類、鞭策自己不斷突破，超越昨天和過去的自己；第三類、除了超越自己，還一同提拔身旁周遭的人。**」

碧華說：「我絕對不要當第一類的人，人情世故我見多了，這類的人好得快也容易一頭栽到地板上。」

我說：「妳可以當第三類，成就自己也提攜後輩。」

碧華有些卻步地說：「我沒那麼偉大，先選當第二類人好了，超越今天不想補習英文的自己。」

我說：「記得，成功者背後必然有我們看不到的奮鬥，一心嚮往『依順』那份勇敢，無形中內心的藍圖才得以清晰，就像導航軟體一樣，為即將前往的目標預先設好定位，其餘的會順理成章自行完成。」

此時，碧華一臉放鬆、面帶愉悅說：「咦?!我照您所說的，去嚮往、認同成功者是不斷地超越自己，結果現在整個人感覺輕飄飄的，也不覺得學英文很困難，太神奇了！」

我說：「一般人看到成功者的時候，多半投以羨慕眼光，卻難以見到他們背後投注的用心與精神，或者覺得那是別人的事情，跟自己無關。另外有極少部分的人會鄙視成功者，誤以為對方的成功是因為投機取巧，但這麼一來，反倒為自己種下不自信的種子。」

碧華驚訝地問：「有這麼嚴重嗎？」

我說：「有人喜歡聽著傷感的歌曲，沉溺在悲傷世界中，認為錯的人和錯誤的時間、地點全都給他碰上了，但也有人雖然喜歡同一首歌，卻與自己心愛的人手牽手甜蜜地走在大街上，珍惜難得的幸福。不同的人因為不同的心境，締造出不一樣的結果。」

碧華說：「我承認自己是那個聽傷感歌曲沉溺其中的人，該檢討一下了。但是，話說回來，懂得欣賞成功者為什麼會出現勇敢的變化?可以為不夠聰明的我舉例嗎？」

我說：「法式焦糖烤布丁在不同人的製作下，呈現的結果也不盡相同。一旦妳見識過一流師傅從烤箱取出來的成品，比如焦糖的濃郁色澤和嫩黃的布丁之間，形成了對比之美，再對照自己做的布丁，就能輕而易舉發現因為熬煮焦糖時火候拿捏不當，導致顏色不討喜。『嚮往之心』的**『心智』會帶領妳尋覓問題核心，作出適當的決策和行為，進而輕鬆地更改作法。**」

碧華接著說：「我更想知道可以讓法式焦糖烤布丁綿密無孔洞的小祕方。」

我說：「經由『過篩』的步驟，才能讓布丁吃起來的口感更加綿密，而且沒有過多的孔洞。」

碧華說：「您說的甜點比喻我懂了，再偷偷請問導師，真的是要把布丁液過篩嗎？」

我說：「對！而且煮焦糖的過程也要留意，焦化開始形成後要注意溫度，當糖水的泡泡一變小記得就要關火，避免焦糖瞬間變成苦糖。」

碧華不好意思地說：「抱歉，我真的離題了，但我確實知道您的意思了！」

我提點她說：「其實，**人生有許多智慧無法『了解』，唯有親身去『體驗』**。」

碧華說：「好，我答應您，這台水上摩托車願意開外掛，希望明年下半年的好機會能讓我嶄露頭角。」

我說：「我們常花心思在揣測別人怎麼看待自己，卻忽略了該用什麼態度對待自己。說穿了，別人的看待其實沒那麼要緊，也毋須在意他人是否看見妳，或自怨自艾沒人懂妳。**唯有『真心嚮往』，會一步步帶妳成為理想中的成功者。不要等待，讓它發生。**」

碧華誠摯地說：「感謝您的指點，我一定會用心去體驗。」

我篤定地說：「不久之後，我預言妳必然將如願以償。」

勇敢小叮嚀

所有的超越，都以「自己」為起點

遠方的夢想，必然沒有辜負你的童年期望。我們不曾丟棄過自己的理想，一路堅持步伐繼續前行，走到了現在，回首過去那些深深淺淺的足跡，度過了多少崎嶇蜿蜒的挫折。不妨，在夜深人靜時，昂首望向窗外的月亮。你知道的，皎潔月相裡有著盈虧變化，當你感到困頓無助的時候，也意味著距離成功不遠了，因為，月缺之後緊接而來的必然是月圓的豐盈光輝。當你毫無頭緒，猶如誤入無邊沙漠失去方向時，信任自己將得以突破萬難，這就是一種勇敢。

知道勇敢，可以面向勇敢，而後朝著勇敢邁進，跨出腳步持續向前。即使遇到了情緒，你可以為它點一盞燈，任由它無拘無束地在眼前飛掠而過，當目標方向愈清晰，情緒便失去了維繫與附著的力量。先去領會他人身上的光芒，背後必然蘊含著無數熱情；先去領會他人達到的成就，背後勢必付出過許多汗水。我們不必把自己侷限在無奈之中，現在就起身去尋找現實與夢想的平衡點，因為你知道成功者的快艇只是心智狀態的顯現。而轉變，確實需要時間，因為從「了解」到親身「體驗」之間無法一蹴可幾，但是**一個嶄新的心境，會與你的現實同步發生改變。**

逐漸地，你將不再害怕被他人「駁斥」，也不再拿自己與他人競爭，而是接受成功者如陽光般明亮的照映。試著和他們一樣，**讓所有的超越皆以「自己」作為起點，唯有超越了自我，每前進一步才是一次勝利，**也都是對自己過往紀錄的刷新。**眼裡只專注於自己，把自己當作超越對象，將成功者作為精神嚮往的方向，**未來，才會懂得去理解他人的價值；當你超越了自我，更能明瞭該如何接納自己以外的世界。過程中亦毋須著急，因為在時光最遠處的盡頭，必然會是成就最亮眼的你。

從「我」發現了「我們」，看見自己和別人的光芒

夏日炎炎，正是南台灣屏東墾丁的戲水旺季，其中，騎乘「水上摩托車」更是不可或缺的水上活動之一。其操作方式如同一般機車，形體則為縮小版的船艇，啟動時噴發出一陣推力，是適合短距離行駛的海上代步工具。而同樣運用噴水推進原理的「快艇」，航行速度快且機動性佳、靈活度高，是艦艇中的短跑冠軍，排水量從數十噸至數百噸不等，航行速度約三十到四十節，造價高昂。兩者不論從外觀、速度、承載量相比，差異都非常懸殊。至於碧華如何由小成大，著實歷經了一番過程。或許，對許多人而言，安於現況不作任何改變，也是一種知足常樂……

台北市中心補習街每到傍晚，周遭街道的車流總是繁忙擁擠，熙來攘往的人群多半是學生，三五成群地結伴補習，背包裡塞滿了赫哲數學、劉毅英文等各個知名補習班講義，路上不時傳來店家喊著：「今天特價，快來參考看

看。」的招呼聲，空氣中飄散著炒麵與炸雞排完美融合的香氣，不時還會聞到老麵團發酵及新鮮出爐的水煎包味道，令人垂涎三尺。剛從桃園拜訪完客戶抵達台北火車站的碧華，匆匆在攤位上買了兩顆水煎包後，邊走邊吃趕赴補習班上英文課。

晚上下課回到家，好不容易安頓好兒子就寢，終於來到屬於自己的時間。她興高采烈地翻開講義複習進度，讀著讀著時間一溜煙地來到凌晨兩點，碧華的眼皮開始變得沉重，不自覺地打起了瞌睡，原本握著的筆，隨著右手逐漸鬆開順勢掉到了桌面。突然襲來的深沉睡意，更讓她頻頻點頭，一個不小心從椅子上滑落重摔到地板上，導致她從劇痛中驚醒。

呆坐在地板上的碧華，搓揉雙眼注視著桌上的講義，不禁反問自己：「我到底在做什麼?」更疑惑著：「就算我這麼用功，未來真的能成為快艇嗎?」、「住老房子也不代表窮，何必自找苦吃呢?」、「換新房子，充其量只是想滿足虛榮心而已，何必如此執著？」……一個又一個的質疑，令她萌生了放棄理想的念頭。於是，她強忍疼痛，好不容易才從地上爬起來，看了一眼稍早做好的筆記，沒有收拾桌面便頭也不回地走進臥房。過了一星期，碧華不曾再複習英文，甚至當作這件事從來沒發生過，像是抽離了記憶片段，恢復以往正常上下班及找客戶閒聊、洽公的生活步調。

直到某天上班，她一進公司，迎面而來一股嚴陣以待的氛圍，只見業務部門同仁各個聚精會神坐在電腦前查詢、列印資料，感到納悶的同時，手機正好傳來「上午十一點，外國重要客戶來訪」的提醒，原來，碧華忽略了上個月預設的行事曆，這才敲醒她趕緊回神進入備戰狀態。

時間來到十一點十分，電梯門打開後，走出一群外國客戶，由副總經理負責在旁陪同，碧華緊跟上隊伍步入會議室，用簡單的英文邀請客戶入座。ㄇ字型的大會議桌擺放了二十幾個座位，與會人士包括九位外國客戶和公司業務部、研發部門的主管，一行人全神貫注聆聽著副總的英文簡報。隨著投影螢幕的畫面切換，她見識到一位身穿粉色套裝，站在眾人面前落落大方、自信洋溢的副總，說著一口自然流利的美式英文，以誠懇、熱忱、專業的姿態介紹公司產品，那份溫柔中又帶著堅定的魅力，深深震撼了碧華的心。

當晚深夜，碧華仰躺在床上開著燈，回想一整天下來副總的接待和簡報過程，是如此的不疾不徐、條理分明，當外國客戶提問時，副總得體的璀璨笑容和應答如流模樣，讓她打從心底「真心嚮往」。尤其是簡報最後那句“We can make it.”更在她的腦海中不斷重複浮現著……

其實，每一天醒來，我們都要比過去的自己更加勇敢，穿越自己的畏懼、擦乾自己的淚水。人生就像一段旅程，一路走來，我們無法抵擋挫折的來臨，有時只能鼓起勇氣打起膽怯，一如既往地去嘗試、突破，讓心中懷抱的希望促使我們繼續堅持，因為你知道：「不可能有永遠的晴天，也不存在永遠的雨季。」晴天時，去曬曬太陽，雨天時，靜靜聆聽雨聲；一旦你真切用心地走過歲月，歷經風雨，感受四季冷暖，盡情地去體會和欣賞後，便會明白，一切皆是美不可言。當你身處在人群中，更會發現：**成功者就像太陽，當你真心嚮往久了，就再也走不回黑暗了**。可別誤以為人生有所謂的一蹴而就或一夕致富，所有成功的背後，只有我們未曾了解的心力和汗水。

五年多後，再見到碧華，已經不可同日而語，更印證了水上摩托車和快艇的差異只在於勇敢的承受量和力度。許多的經歷，有時需要親身體驗才有切身感受，衝撞過，才知道疼痛的滋味；付出過，才明白得來的不易；珍惜過，才體會到擁有的可貴；勇敢過，才得以領略自信的風采。而她，真的辦到了。

碧華手提一袋退輔會福壽山農場的茶葉，笑著對我說：「導師好久不見，一點微薄小禮不成敬意。」

我向她道謝：「感謝妳，別來無恙？」

碧華說：「在您的指點下，我的人生處處都有重大突破。」

我說：「見妳性格變得內斂沉穩，舉手投足得體又不失自信風采，想必是被書香氣息所薰陶。」

碧華說：「上次向您請益後，隔年我報考了某公立大學的EMBA，已經順利完成學業。」

我豎起大拇指讚賞她說：「值得肯定！想必過程一定很辛苦。」

碧華說：「除了上班時間以外，我還需要安排讀書計畫，有一陣子簡直到了焦頭爛額的地步。但在信心的支持下，我沒有臨陣脫逃終於畢業，並在同學的引薦下，轉換到目前的外商公司任職。」

我說：「在妳離開原本的中型企業後，現在應該是換到第二間公司了。」

碧華點頭說：「是的，依照您當時建議的時間，我離開以後是先到某間大型企業服務。」

我讚許地說：「妳突破了原有的宿命，對一般人來說這並不容易。」

碧華說：「剛開始我一度曾經想放棄，但在真心嚮往之後，看到他人身上的光芒，內心的方向反倒愈加篤定，然後變化就這樣發生了。回想起來，只能用『神奇』兩個字來形容。」

我說：「妳的真心嚮往和一般人不同，所以能發揮作用。」

碧華問：「有什麼地方不同呢？」

我說：「其實，一般人只在表面上對於優秀、成功的人有著羨慕或嚮往，但在心底深處卻無法引起共鳴。而妳，是真心『依順』，無形之中把當時公司的副總作為學習範本，**讓心智中的生命藍圖有了明確的『意象』，在此同時，妳成為了那個嚮往對象**；不，應該說是『超越』了。」

碧華面露微笑，點頭默許了我的說法：「確實是這樣，我目前任職於某外商公司台灣辦事處，職稱是 Chief Operating Officer（COO）營運長，而我的頂頭上司則是 Chief Executive Officer（CEO）執行長。」

我說：「所以妳的工作只需要匯報給 CEO 就好。」

碧華說：「是的，他很賞識我，當然我也非常景仰他。」

我接著說：「他不常待在台灣，所以妳偶爾也會暫代他的職務。」

碧華說：「確實如此，他不是台灣人，所以經常不在辦公室。」

我問她說：「還記得我曾說過成功者至少分為三類嗎？現在的妳，把自己歸在哪一類呢？」

碧華答道：「記得！回想當初請益時，我總覺得成功者三個字離我好遙遠，如今卻辦到了；現在的我，應該算是第二類，正往第三類的終極目標邁進，除了超越自我以外也在積極培養、協助後輩。」

我說：「普通人只願顧及自身權益，但妳卻能提攜下屬，這份心極其珍貴。**從『我』發現了『我們一起』，讓自己和他人一同獲得成就**，由此看來，妳已經是社會頂尖的優秀人士了。」

碧華謙虛地說：「您過獎了，我並非老闆也不是博士，稱不上是頂尖人士。」

我說：「地位高，不代表優秀，而心量大，是成功者必備的條件。優秀的人，總願意捨得在團隊中花費時間，用心教育、指導及授予經驗，讓自己的下屬工作效率倍增。在這樣團結的條件之下，不久後必然會培育出優質的下屬，進而讓整個團隊齊心合作、力爭上游，一起創造出更高的整體價值。」

碧華說：「一路以來我接受過不少挑戰，看到他人身陷泥濘，像是看見過去的自己，所以總是想給予機會拉他們一把。」

我說：「成功者，捨不得他人失敗；失敗者，則害怕他人成功。」

碧華問：「為什麼呢？」

我說：「**成功者的內心並不匱乏，且善於分享**；失敗者的內心則充滿匱乏不安，總是憂心著別人會超越他。」

碧華恍然大悟地說：「原來如此！我經常期待自己帶領的下屬能力可以超越我，這會讓我有深切的欣慰和光榮感。」

我說：「**把自己作為超越對象的人，懂得理解他人存在的『價值』，協助並讓他人發光，是優秀者的無私奉獻**。你們從來不會只沉浸在自己的忙碌工作中，反而會適時抽空輔導團隊，讓整個團隊相得益彰，更顯卓越。」

碧華不好意思地說：「您說到我都害羞臉紅了……但我還有一件事想向您請益。」

我說：「請說。」

碧華說：「我的許多下屬在工作上都非常認真、投入，但面臨挑戰時，為什麼有些人能很快走出困境，有些人卻頻頻卡關呢？」

我說：「妳應該有察覺到，是因為他們走不出『僵化』的思維。」

碧華說：「是的，他們都很勇敢，也承受了相當大的壓力和痛苦，但呈現出來的結果卻有著天壤之別。」

我說：「勇敢，其實需要『正確目標』及『分析自身處境現況』，先看清事實、凝聚焦點，再採取有效行動，並在過程中學習解決問題。然而，這兩者以**客觀分析自身處境現況**最為重要，藉此才能不斷提出自我修正，而在面對挑戰處理問題的同時，事態會愈顯清晰、踏實，逐漸地，便會跨越自我侷限。」

聽完我所說的，碧華感觸良多，回應道：「每一次的『舊』習慣或觀念瓦解，是勇敢，也是一種成長。」

我說：「對，再透過『自律』，方向感會愈加明確，才不至於把時間和精力浪費在目標以外的人事物上。整合原本零碎的時間，用來讓自己成長，真正能登頂遠眺美景的人，必然是心無旁騖、堅定往前走的人。」

碧華說：「愈自律，愈不容易在歲月裡蹉跎，肯定會因此變得優秀，但卻有不少人寧可在猶豫中掙扎，這樣其實是畫地自限。」

我說：「一般人多半抱持著今朝有酒今朝醉的及時行樂心態，誤認為自律非常無趣，甚至覺得是變相自虐。說明白一點，『**自律**』**是專注進行某個行為時顯現的心理狀態**，將個人精神、心力完全投入在一件規律進行的事務上，過程**中會產生高度的**『**充實感**』、『**愉悅感**』，**同時進入一種忘我且能發揮高效率的**『**自我主宰**』**境界**。它像是物理學的**向心力**，讓散落的事物如拼圖般一片片地往中間靠攏接合，久而久之自然發展出優於他人的成就。」

碧華說：「您形容得好貼切，和我的心境非常吻合。」

我說：「簡單地說，要完成一件事，必須先讓自己『**喜歡**』甚至深深著迷，這麼一來想要不自律都很困難。」

碧華接著問道：「您該不會又要用法式焦糖烤布丁來比喻吧？」

話一說完，她從放在身旁的拼色保冷提袋裡，拿出了八個用保羅瓶封裝的法式焦糖烤布丁，透過玻璃呈現出金黃剔透的色澤，底層則均勻布滿了焦糖醬。

碧華說：「這是我親手製作的，今天專程帶來給您品嚐，我保證絕對有過篩！」

我笑著說：「妳還記得要過篩；透過罐子來看，這布丁用的是把香草豆莢切開後刮出的新鮮香草籽，而不是一般的香草精，蛋黃的部分，則選自於有機蛋。」

只見碧華雙頰泛紅，難為情地說：「我的用心，全被您看透了。」

我說：「因為有機蛋黃和一般蛋黃呈現的色澤並不相同。感謝妳，我收下這堪稱是極品的法式焦糖烤布丁了。」

碧華說：「我試做過非常多次，再把最好的成果送來，為的是誠摯答謝您一路以來的指引。」

我欣慰地說：「心意無價。」

碧華接著說：「忘了跟您報告，我最近買了新房子，位於新店區的某知名大型社區，很滿意目前的居住環境。」

我說：「恭喜！未來還會有妳意想不到的好事發生。」

一年多後，碧華被總公司拔擢升任為台灣分公司執行長（CEO），隔年，她的獨子也如願考取台灣知名學府，可謂好事成雙。

分享勇敢，成就彼此的耀眼

有艷陽的地方，就不存在陰霾，有勇敢的心境，便不存在遲疑。所以，願你珍惜每一個晴朗的好心情，深愛著心中每一寸自信，當燦爛陽光灑落心海時，會衍生出更多的愛與價值，許多幸福和美好也將相繼而至。

人生，是不斷自我成長、日漸茁壯的過程，當然，在每一個角色裡勢必都有撞牆、卡關的時期，唯有穿越挫折，才稱得上是人生。有時候，難免會拖延怠惰、灰心喪志，但更多時候你會發現，許多事，堅持再堅持也就度過了，有些苦，咬牙再咬牙也就過去了，想放棄或退縮時，提醒自己：「再堅持一下」、「一定可以！」放膽地去「相信」自己能穿越各種艱辛。成功與失敗之間，只是人生歷程中的一小段輕旅行，任誰都不可能一帆風順，但我們必然能在失敗陰影中重新整裝、蓄勢待發，走入下一個成功。**當你無愧於心，就是**

最踏實的一種勇敢。

優秀的人，必然有著一段段艱辛又勇敢的歷程。每一位成功者散發出的光芒，背地裡，不知煎熬了多少個黑夜，在漫長旅途中宛如一名獨行俠，暗自承受挫折的淬鍊，捨棄浮躁，一肩扛起壓力，忍受著被否定及深陷無助黑暗期裡的載浮載沉，但這些卻不曾擊潰他們的堅強，因為，這是一場自我挑戰和修練的過程，更是一種自我「沉澱」、「積蓄」能量直到走出困境的體驗。**如果不會害怕，永遠都學不會勇敢，只有義無反顧地嘗試，才能體認到自己其實並不畏懼。**

花蓮的知名觀光景點七星潭，有「彩色沙灘」的美名。海浪把各種石頭拍打上岸，石堆裡夾雜著玉石、風景石、玫瑰石、鵝卵石，經年受到浪潮的淘洗、沖刷加上長期風化，展現出斑斕光滑的樣貌，因而吸引不少遊客駐足欣賞。其實，每顆石頭經過精心打磨後，皆擁有獨一無二的繽紛紋路。玉石固然有它的迷人光采，但普通頑石磨去稜角後的面貌卻經常更勝玉石，就像我們一樣，任何人都必然擁有屬於自己的「特點」，**一旦你能看見自己的「璀璨」，就會懂得其他人的「美」。**畢竟一個人孤軍奮戰久了也可能感到疲憊，不**如給身旁的人更多支持和協助，從「我」發現了「我們一起」，共同成就彼此的耀眼。**

給摯愛的你：

如果不知道什麼是脆弱，就學不會如何勇敢；生命裡，總有一次，你會因自己而驚豔；總有一天，你會因自己而感動。只要那顆心是晴朗的，人生就不存在雨天。

——紫嚴

第七章

至高境界——破繭而出，毋須勇敢而自然勇敢

對自己誠實，攀上勇敢高峰

如果，看遍了人世間各種紛擾喧鬧、庸碌匆忙，歷經各種爭名奪利、勾心鬥角後，偶爾，不妨走入山林、遠離塵囂，登高望遠一覽不同景色，讓疲累的心來一趟貼近自然的回望，親赴一場心靈「平和」之約。

來到位於陽明山國家公園內的七星山，山頂豎立著一塊刻有「七星山主峰、1120M、台北市第一高峰」等字樣的木製立牌。站在山頂遙望遠方，放眼望去遼闊的台北盆地、淡水河、基隆河、社子島、關渡平原及觀音山等台北都會區周邊地形景觀，一覽無遺盡收眼底。

登山口的告示牌上，詳盡介紹了七星山的特色：「七星主峰、東峰步道跨越七星山南北兩側，走完全程將可充分體驗七星山南、北麓截然不同的生態景觀。七星山南麓為濃密的闊葉森林，森林生態豐富，野生動物多樣性高；

北麓則受到東北季風影響甚大，以草原為主。此外，鄰近小油坑的步道旁，有許多噴氣孔、硫氣孔、硫磺結晶等後火山活動所形成的地質景觀，是觀察火山地形地質特色的好去處。天氣晴朗時，登上七星主峰、東峰山頂，可三百六十度眺望陽明山國家公園的全區環境，飽覽大屯山系群峰、北海岸地形及聚落。」

在藍天白雲襯托之下，居高臨下俯瞰這片一望無垠的大地，泛著銀光的淡水河，蜿蜒流過台北盆地，悠悠滑過心靈，生出幾分淡然安逸，潺潺流入心中；風兒徐徐吹拂，聆聽著芒草擺動時而激昂、時而柔和的沙沙聲響，自然地融入於眼前所見的飄渺浮雲及遼闊山河美景中。

當心「依順」在無邊無際的景致懷抱時，登山者暫別了繁複思想的牢籠侷限，遠離了壁壘分明的情緒陣營，掙脫了窒礙牽絆的慾望枷鎖，輕鬆靜謐地像是剛從大地萌發而出的小草，「自然無為」地安住著。

跑著、追著、趕著、急著、煩著、等著……是否發現，對自己叨叨念念、不斷催促的背後，源自於一個又一個的「憂心」？

既然，勇敢不是不害怕，而是在恐懼中依然昂首闊步前進，那麼，什麼才是「徹底」的勇敢？

關於勇敢，所能到達如世界屋脊「聖母峰」般的最高層級，又是什麼？

蘭姨，是一位資深財經投資專家，人生閱歷豐富，在南港經貿園區、信義區及新加坡等地坐擁豪宅，因尊重個人隱私，在此恕不詳加介紹。

初次到訪，蘭姨客氣地對我說：「紫嚴導師您好，見您仙風道骨、年輕有為，在多年好友大力推薦下，今天特別來向您請益。」

我謙遜地說：「妳好，我只是個居於陋室的道家導師，今天前來有何貴事，我願洗耳恭聽。」

蘭姨說：「您客氣了。古人云：『山不在高，有仙則名；水不在深，有龍則靈。斯是陋室，惟吾德馨。』」

我說：「過獎了。妳稱得上是金玉滿堂，兩位兒子更是學識淵博。」

蘭姨說：「兒孫自有兒孫福，他們奮發自強不曾讓我擔心過。只是，今生歷經了人生百態，雖然生活、經濟無虞，也有幸環遊世界各國，眼看再六年就到所謂的『從心之年』，卻對未來感到茫然不已，力不從心。」

接著，蘭姨又繼續說道：「年輕時我憑著一股傻勁、拚勁勇往直前，不畏挫敗克服難關，曾經追過、跑過、衝過，來到當前放慢腳步、悠閒度日的階段。別人是五十而知天命，但即使我積極參與各大社團及宗教組織，也無法豁然了悟生命的真正意義。」

我說：「世俗認定的物質成功，包括了金錢、名望，而在勇敢奮鬥的過程裡，有些人放棄理想，有人犧牲家庭關係，有人則失去了健康，所做的一切為的只是證明自己。」

蘭姨心有戚戚焉地說：「一路走來，我為了追求美好事物作出許多努力和犧牲，只為了證明自己有本事；某種程度來說很勇敢，但到後來除了競爭財力、影響力，甚至連下一代的成就發展也淪為朋友間的較量。說來慚愧，我為了贏得他人的『羨慕』犧牲了太多太多，實在有點疲乏了。」

我說：「我能理解妳的心情。即使妳不和他人較量，也會感受到對方帶有競爭的意味。」

蘭姨說：「是啊！我身邊的每個人都孜孜不倦地想要當個『完美的人』，連同婚姻、事業、孩子、體態……等都必須完美無缺。凡事皆須盡善盡美、不能繳白卷的社會價值評斷標準，壓垮了正常人的心理，現在的我只想做回自己，驀然回首，卻已經迷失了方向。」

見我專心傾聽，蘭姨又接著說：「說來更不怕您笑，我們這個圈子，一個比一個還富裕，不管飲食、娛樂、教育，都有著超乎極致的高檔享受，甚至連出國行程都能相互較勁。近兩年，我在幾次聚會眾人的言談中發現，每個貴婦朋友的內心其實都鬱鬱寡歡，大夥兒可是撐著老臉強顏歡笑，『佯裝』自己很幸福美滿。」

我問：「倘若，拿下這個面具會怎麼樣呢？」

蘭姨說：「卸下面具，可能會失去大部分的朋友。人生好像一場遊戲，比誰更有毅力、更聰明或更勇敢，但爭到最後、比到最後，就算贏過自己和他人，還是不明白這場遊戲的意義在哪裡？」

我接著說：「如果放棄了朋友，又會像跌停板的股票，失去認同感和歸屬感。」

蘭姨附和我說：「您說得沒錯，建立人脈是希望彼此有個照應，連同價值感也都仰賴著朋友們的定義及評論。前年我曾遠赴美國一年，參加許多昂貴的心靈成長營，斷絕和所有朋友的往來，起初感到神清氣爽，但這個假象卻維持不到半年，之後反倒倍感空虛寂寞，甚至罹患憂鬱症因而返台醫治。」

我說：「妳有著不凡的智慧，一般人如果擁有妳二十分之一的生活條件，早就已經志得意滿逍遙過一生。誤以為欲望獲得滿足此生便了無遺憾，永遠意識不到何謂真正的『人生意義』。」

蘭姨說：「我白手起家，打從年輕時便勤奮向學、力求上進，經歷過許多大風大浪，人也見識多了，也許，不安於現狀、勇於發現問題是我唯一的優點吧！」

聽完蘭姨所說的，我反問她：「恕我直言，妳這十多年來一直存在著某些特殊行為，都沒有去找過身心科診療嗎？」

蘭姨說：「我除了是名牌包及珠寶首飾的重度收藏者之外，沒有您說的特殊行為或癖好，請您直言無妨。」

我直白地說：「妳習慣在珠寶、首飾的背面，用微型雕刻機親自刻下極小的英文字母『A』。」

蘭姨訝異地說：「這……」

我接著說：「妳的英文名字第一個字母是A，這個動作意味著飾品的所屬人是妳。除了裸鑽以外，幾乎所有的首飾都刻上了這個字母。」

蘭姨神色自若地說：「導師，您有所不知，我家中有四個管家和兩位司機，之前曾發生過竊盜事件，後來才習慣在飾品不明顯的地方標示字母作為記號。」

我又說：「每天過了傍晚，妳時不時會去確認瓦斯管線的總開關是否關妥。」

蘭姨急忙解釋說：「那是要避免瓦斯漏氣，為了居住安全著想才這麼做的。」

我繼續說：「多年來，每到晚上的沐浴時間，妳總是無法控制地在浴室門前的地墊上，跳一小段類似章魚舞的舞蹈，並逼迫自己跳完後才准許進入浴室。」

蘭姨驚慌失措地辯解說：「這……那是民俗舞蹈，也是我養身保健的一種方式。」

我說：「怎麼看，都像是章魚舞。」

蘭姨焦躁不安又難為情地說：「我……您……好，我承認那是章魚舞蹈……」

我緊接著說：「同時，妳還要求自己只能站在六十乘三十九公分大小的地墊範圍裡，不允許自己超過這個界線。」

蘭姨辯白說：「這種運動可以促進我的血液循環，確保睡眠品質良好。」

我再說：「連出國旅行，妳都無法放過自己。」

蘭姨坦白招認說：「好，我承認。不做這種運動的話，我根本沒辦法踏進浴室洗澡，否則會導致呼吸急促、全身緊繃，甚至有快要昏厥過去的痛苦感受。」

我說：「所以，妳強逼自己必須確實完成所有動作，少做一個就會覺得難受，得回到地墊上完整地再跳一次。」

蘭姨尷尬地回答：「是，一點都沒錯。」

我安撫她說：「辛苦妳了。身心科醫生有沒有開過 SSRI（Selective Serotonin Reuptake Inhibitors）、Fluoxetine、Sertraline、Paroxetine 等抗憂鬱或抗焦慮的相關藥物給妳？」

蘭姨說：「我不清楚藥名跟成分，醫生開給我每天兩顆藥，服用後只緩和了焦慮症狀，卻遲遲戒不掉手舞足蹈的習慣。」

我提醒她說：「還有浴巾……」

只見蘭姨搶在我把話說完之前緊接著說：「對！有！除了跳舞，我還一定要摺好五條大浴巾，才能安心地去洗澡。醫生說我患有『強迫症』，我承認。」

我點點頭說：「一路以來，妳努力實現許多夢想，既然已經盡了全力，擁有後就必須放下。」

蘭姨說：「我上過很多課程，費盡心力設法戒除這些強迫行為，但不論用情緒釋放、回到愛裡或前世回溯等方法，還是斬草不除根，春風吹又生，始終不見效果。」

我問她：「如果，一個母親把藤條放在孩子的書桌上，她的目的會是什麼？」

蘭姨答：「警戒意味濃厚，提醒孩子要時時刻刻記取教訓。」

我說：「對，妳的強迫症就好比是那支藤條，不斷在妳的生活中『示警』，妳該去認真正視內心深處的衝突。」

蘭姨困惑地說：「但我還是不清楚這些行為背後的動機和目的。」

我提問說：「親愛的，妳剛才說自己跳的是民俗舞蹈，是養身保健的一種方式，這麼說又是為了什麼呢？」

蘭姨坦承說：「為了掩蓋自己的難堪行為所構思出的謊言。」

我說：「就像妳表現出的強迫症行為一樣，這麼做**只是內心急於『擺脫』某些不安罷了。**」

蘭姨無奈地說：「我是一個勇敢的人，多年來卻被這種思維給制約。」

我說：「勇敢像是光線，**再強的光束，都無法照亮所有角落**，好比太陽再耀眼也難以普照整個地球，一半時區會是白天，另一半則是夜晚。當用『抗拒』方式『掙脫』某個厭惡的情境，結果不但沒有改變，反而會讓情況變得更糟，因為我們聚焦在那個陰影上，反倒不斷增強它們的影響力，像是極力掩蓋某件事以後，得要愈來愈加重掩蓋的力道，費盡心思為的是不被他人識破、拆穿。」

蘭姨問：「那麼，如何能夠達到真正的勇敢，讓我免於強迫症的精神折磨，又能體現生命的意義呢？」

我說：「好，兩個簡單步驟讓妳練習，**第一、對自己誠實。**」

蘭姨說：「這不難懂，**人性擅長欺騙他人，更容易自我欺騙**，無非是為了掩蓋自己心底最深處的想法和欲望；而自我欺騙，通常是透過『自我說服』來減輕內心的不安和獲得安慰，卻產生另一種背離真相的荒謬『偏見』。」

我讚賞地說：「太稀有了，妳居然能洞悉這些真相。」

蘭姨接著說：「請問導師，怎麼做才能對自己誠實呢？」

我答：「**把自己當成『牙牙學語』的孩子，心底有什麼感受，就感受什麼。**」

蘭姨不解地說：「這樣別人可能會誤以為我精神有問題，或者覺得我是老番顛。」

我說：「把自己當成牙牙學語的孩子，是**保持『童心』**。這個練習只針對自己，旁人是看不出來的。」

蘭姨問：「您的意思是指在心裡操作嗎？」

我說：「把心裡的感受、看法，像孩子那般天真地如實呈現，讓自己知道。孩子向來都很誠實，對自己就該如此坦承。」

蘭姨隨即閉上眼睛練習，說道：「我現在是牙牙學語的小孩……這讓我想到，如果某些事情讓我感到不安、內疚或自責，往往會在事後用欺騙自己的方式，嘗試抵銷已經發生的不愉快，減輕心理層面的罪惡感。最重要的是，欺騙自己沒人會知道，甚至連自己都難以察覺到。」

我說：「因為，**我們從來不了解『真實』的自己是誰**，把世間『價值』奉為圭臬，卻未曾暫緩腳步為自己停留，傾聽內心深處的聲音，以致於相處最久的自己卻成了最陌生的人。」

蘭姨說：「我活到這把年紀，的確忘了人生初衷，也從未為自己停留過。」

我說：「一旦不能對自己誠實，便會用旅遊、美食、興趣等方式催眠自己『活得好幸福』、『生活很愜意』，達到讓自己放鬆、愉悅的目的，甚至喊著『光、愛』或『要努力』的口號來麻醉自己，在心裡築起一道道圍牆，最後得到的多半不是內心想要的。」

蘭姨說：「**童心的自己，不對自己說謊或催眠。**」

我點了點頭，蘭姨又接著說：「依照您的觀點看來，就不能對這份童心進行『對話』或安撫，是嗎？」

我說：「對，只能『忠實呈現』，而我們只是安靜的『**陪伴者**』。」

蘭姨說：「我記得有一個理論說要安撫什麼內在的小孩。」

我反問她：「如果，我們把內心的影子當作另一個實質個體，並跟他進行溝通對話，不就會造成精神分裂嗎？」

蘭姨贊同地說：「也是。」

我說：「**情緒、感受猶如天氣不斷變化，不存在一個『實體』。而我們能夠保持『對自己誠實』，就是最大的勇敢。**」

聽完我所說的，蘭姨露出恍然大悟的神情說：「我一路以來奮鬥、犧牲，只塑造了一個欺騙他人和自己的偽裝堡壘。經歷，該是用來啟蒙智慧，卻換來了『自我迷失』。從前我完全被蒙在鼓裡毫無察覺，還參與許多心靈成長課程跟相關團體，如今看來，不過只是變相的繼續自我欺騙，讓人生活得愈久，反倒背離自己愈遠。」
話一說完，蘭姨又接著說道：「對自己誠實，就會對自己產生莫大的『信任感』。」
我點了點頭，說：「對，我們的不快樂多半來自於不信任自己，卻又著急地向外尋找快樂，殊不知寶藏就在自己心頭。」
蘭姨如釋重負地說：「我現在有一股清涼透頂的感受。」
我說：「那是因為妳信受了，一般人並沒有對自己誠實的勇氣。」
蘭姨拍著手雀躍地說：「我喜歡這個說法！」
我接著說：「在兩千六百多年前，老子說：『含德之厚，比於赤子。』莊子說，兒童是『與天為徒』，又說『真者，所以受於天也。』老子、莊子把兒童當作生命形態的標準象徵，是因為兒童保持著自然質樸的狀態，無知無欲，與『道』最為接近。童心，是如此簡單而直接，吃喝拉撒，或睡或笑或鬧，一念起，一念滅，從心所欲。」
蘭姨說：「是啊，您是道家導師，原來保持童心是老莊之道，如此直指人心。」

我說：「基督教的《新約聖經》裡也提到過：『你們若不回轉，變成小孩子的樣式，斷不得進天國。』」

蘭姨感慨地說：「以我的人生歷練看來，真如同您和古代聖賢們所說的：『含德之厚，比於赤子。』是最大的勇敢。」

我向她微笑示意後，繼續說道：「**第二、『依順』。以謙卑的態度，面對外界、內心的所有發生**。心裡誠實以對，沒有『抓取』、『抗拒』和『反擊』。」

蘭姨疑惑地說：「一瞬？」

我再次強調說：「是『依順』。」

蘭姨為難地說：「我明白，可是內心大量的反抗會源源不絕地冒出來，無法控制啊！」

我說：「完全不控制它，對於內心產生的任何情緒，都輕柔地依順。」

蘭姨投以疑惑眼神對我說：「我不明白。」

我解釋說：「如同孩子依順在母親懷裡一樣。」

蘭姨說：「還記得我小時候依偎在媽媽的懷裡，感受到媽媽的心跳，是多麼溫暖，我就像天使般地幸福快樂。」

我說：「現在，妳還是能依順在母親的懷裡。」

蘭姨兩眼瞪大、抿著唇說：「我的老母親高齡九十三歲了，現在的我做不到。」

我問：「為什麼？」

蘭姨說：「因為矯情！」

我再問：「如果，妳的童心不泯、童真猶存，又會怎麼做呢？」

蘭姨毫不遲疑地說：「擁抱母親。」

我說：「對，我們隨著年齡增長，被社會價值觀及環境變化牽動，心性改變許多，人，也變得世故了。原本理當是最簡單的事，卻成了天底下最難的事，從小自然而然地能因愛勇敢，長大成年後反倒得重新再次學習勇敢。」

蘭姨依舊有些疑惑地問：「不過，用依順面對外界事物，不就顯得懦弱嗎？」

我說：「依順不是懦弱。」

蘭姨問：「但比如有人指責我，我依順這件指責的話，不是示弱又是什麼呢？」

我反問她說：「我們費盡心思、據理力爭來證明自己，內心就是堅強的嗎？」

蘭姨思考了一會兒以後，說：「這樣做像是在掩飾內心某種感受，心理上呈現的是『極為脆弱』。」

我說：「如同台北市長不需要四處表明身分，別人就知道他是市長一樣，**堅強的人永遠不用證明自己堅強**，勇敢的人毋須武裝便很勇敢。」

蘭姨若有所思地說：「不清楚自己在做什麼的人，才需要積極偽裝自己。」緊接著又說：「我的理解是：**面對任何人事物，包括自己的情緒，都像孩子依順在母親懷裡一樣，靜觀事物變化。**」

我讚許地說：「非常好！看待這件事和情緒**要帶來什麼樣的『情境』**，以及要給予我們什麼體驗和學習。」

蘭姨說：「**看戲，不入戲；在劇情中，游刃有餘。**」

我說：「對，這就是最高層級的勇敢。」

蘭姨驚喜地說：「這簡直是『居高臨下』鳥瞰生命。」

我說：「正是如此。勇敢的人，不懼攀登高峰，亦不畏隨波逐流，**親臨生活的每一幕『發生』，成就他的完整自己之旅。**」

蘭姨接著說：「因此，脫離了侷限生命的牢籠。」

我說：「美食，是用嘴巴去品嚐，而方法，是用心去練就的。」

蘭姨點著頭說：「導師所言甚是。」

我提醒她說：「當妳離開以後，腦袋會不自覺對我的方法產生『質疑』，企圖說服妳不要練習。」

蘭姨問：「為什麼？」

我問她說：「銀行，會希望申請房屋貸款的人一年內就清償貸款跟塗銷抵押權嗎？」

蘭姨答：「當然不希望，這樣沒有利息可以賺。」

我說：「對，腦袋和銀行一樣，不希望我們脫離它的侷限，勢必會提出更多質疑去否定我所教的心法。」

蘭姨說：「這點我懂，好比我勇敢承擔某一件事，必然有許多朋友會跳出來反對，但事後卻證明我當初的決定沒錯。」

我緊接著說：「另外，儘快安排時間到大醫院做詳細的乳房攝影和相關檢查。」

蘭姨以充滿自信的表情對我說：「導師，您有所不知，我每年都固定做一次最高端的全身健康檢查，而且七個月前才剛做完，身體並沒有任何異狀。」

我坦白地說：「不，我懷疑有狀況，但時間不長應該不超過二期，建議妳尋求專科醫師進行了解。」

蘭姨擔憂地以雙手摀著胸說：「您是說我有癌症嗎?!」

我說：「疑似。」

「您別嚇我！」蘭姨不禁提高了音調，這次的會面也就此告一段落。

卸下心防重返天真，回歸童心的自己

小時候，我們總夢想著快點長大，嚮往未來是趟精彩的旅程；長大後，驀然回首逝去的歲月，才發現五彩繽紛的童年已離自己好遠……

童年雖然短暫，卻充滿著無限樂趣。成年之後，由於我們對生命太過苛求，不自覺地開始包裝自己，把最好的一面展現在眾人眼前，期望藉此獲得掌聲和肯定，日積月累下習慣對自己催眠、說謊，隱藏最初始而深切的童心，久而久之更遺忘了自己是誰。

勇敢，如同培育蔬果，要讓蔬果有營養價值，不是進行二次加工；若要保有高濃度的蔬果營養價值與風味，更不能施以人造化肥，必須採用最接近自然的農法來栽培。

回到勇敢，亦不是對心理進行再次改造，高層級的勇敢，更不是心理的深度填鴨，灌輸許多知識或教條，而是**讓內心返回到最接近自然的天真狀態**，通常稱之為**童心未泯**。

務實的自然農法，必須在一塊土地上進行長時間的堆肥，不施以農藥、化學肥料及除蟲劑，而是採用生態平衡的原理防治病蟲害，讓植株在自然規律下順勢成長，是耕作者對土地的熱愛及勇敢表現。

至於**真實的童心未泯**，必須在自己的心理上保持長時間的誠實，不施加苛責和自我安慰，若有必要，則以依順謙卑的態度，自然應對日常生活中任何形式的發生，是我們對人生真誠勇敢的展現。

許多食材為了增加口感、口味、賣相或延長保存期限，額外加入乳化劑、防腐劑、品質改良劑、甜味劑等食品添加物，就像我們為了獲取支持、讚美、羨慕或自我歸屬感，刻意在日常生活中扮演起另一個角色，掩飾自卑、對自己說謊、鄙視他人或佯裝幸福，背離了原本的面貌，也愈來愈無法呈現出最好的自己，因而失去了輕鬆、愉悅與快樂。

童心，是一種狀態，讓你回歸初衷；是一種勇敢，使你壯大自己；是一種自信，引領你發揮原有價值；更是一種純粹信任，讓你完全信賴自己。重拾童心，生命將不再只是為了生存庸碌奔波，而是為生活賦予更多深度的意義。

世界通常是這樣的：當你決定捨棄加工化學食品，改吃原型食物，肯定會有人取笑你；當你願意面對真實的自己，坦誠以待，必然會有人否定你。在習以為常、充斥偽裝的環境中，不如**自然「依順」生活中的所有發生，並靜待它將帶給你什麼樣的啟示。**

給摯愛的你：

在慌亂無章的世界裡，在顛沛流離的情緒中，誠實而坦率地保持童心，勇敢做回真實的自己。

——紫嚴

順勢而為，來到勇敢之巔

擁有了健康，任何事都可以重新來過。

其實，你什麼都不缺，只缺少一份重新開始的勇敢。

「壞消息，醫生確診我罹患的是乳癌第一期。」蘭姨在電話那頭，痛苦又無奈地對我的特別助理說道。

得知罹患乳癌後，蘭姨陷入了低潮，即便人生歷經過大風大浪，她仍無法接受這突如其來的病痛。「為什麼是我？」她經常這麼反問自己，甚至想放棄主流醫學的正統治療，尋求另類療法，希望能迴避正規療程常伴隨的副作用和不適。

「我有個好朋友最近罹患子宮頸癌第三期，她不接受醫院治療，要去某個進行能量療法的單位，據說不用開刀就可以治癒癌症；她邀請我一起去，我很想嘗試看看。」蘭姨在電話中這麼說著，同時也期待可以聽到她想要的答案。

助理對她說：「導師要求必須透過主流醫學治療，妳很快會獲得康復。」

「可是，開刀會留下疤痕，化療會掉頭髮，我無法接受！」蘭姨情緒激動地說。

「妳的主治醫師非常專業，相信醫院，更要勇敢相信自己。」助理再次安撫，並勸說她積極治療。

後來，蘭姨終於接受現實，在醫師安排下進行手術。過程非常順利，並在術後接受放射治療，待病況穩定後改為持續追蹤。爾後，蘭姨除了回台做例行性檢查之外，長期居住在新加坡調養身體，鮮少待在台灣。

因為距離關係，我與蘭姨再次見面已時隔四年。這次她有別於以往的貴氣裝扮，身著輕便服飾，捨棄了嚴肅正經，滿臉笑容地向我問候。

蘭姨說：「您好，紫嚴導師，我專程準備了一份薄禮給您。」

我向她致謝並接下禮物，看了看之後說：「是冬蟲夏草。」

蘭姨說：「這可是稀有珍品。自從我罹癌開刀後，深刻感悟到人生唯獨『心靈』和『健康』最為重要，因此特別精心準備這份禮物，聊表我的感謝之意。」

我意有所指地說：「記得多年前有一位雍容華貴的女人，因為罹患乳癌鬱鬱寡歡，還一度想放棄正統治療，轉而急尋偏方。」

聽我這麼一說，蘭姨略顯尷尬，有些不好意思地說：「您……但我最後還是有乖乖聽從醫生指示。」

緊接著，蘭姨又說：「如果當時您沒有阻攔我去進行能量療法的話，事情恐怕就沒這麼簡單了。不知您還記不記得我曾經提過那位罹患子宮頸癌的朋友？」

我說：「依稀記得。」

蘭姨語帶遺憾輕聲地說：「她在去年端午節前夕往生了……臨走前，仍對能量之說深信不疑，沒有留下遺言便驟然離世。」

我說：「人往往是這樣的，面臨病痛、無助脆弱的時候，一旦得到可以免於挨刀治療的訊息，就像是看到汪洋大海中的一只浮木。」

蘭姨說：「當時，我的心裡確實非常慌亂，後來練習您所教的誠實面對自己，打消了我去尋求另類療法的念頭。」

我點了點頭，蘭姨接著說：「被確診罹患乳癌的當下，讓我難以接受，甚至曾經怪罪過健檢中心，不過經過醫師釋疑後，才得知某些人的癌症發展迅速，未必能及早發現。」

我說：「自我要求甚嚴、完美主義、煩惱、焦慮、壓抑、睡眠不佳及飲食習慣，都有可能導致細胞產生病變。」

蘭姨說：「沒錯，我之所以會罹癌，跟以往的壓抑性格有著莫大關係。」

我問：「是什麼讓妳決定聽從醫生建議去開刀呢？」

蘭姨毫不猶豫地說：「當然是您的教導啊！我『依順』事件的發生，接受迎面而來的變化。」

我又問：「開刀痛嗎？」

蘭姨灑脫地說：「一般小刀而已，比我生大兒子的時候還輕鬆。」

我接著說：「還記得當時……」

蘭姨著急地搶話說：「唉呀！我的導師啊，人總有不相信自己的時候，您就別再嘲笑我了。」

我微笑地問她說：「好，那麼，妳還體悟到了什麼？」

蘭姨說：「累積多年的辛苦，全是身體為我默默承受。就算生病不在原本的人生規劃之中，也會悄悄地找上門來，這是我第一次面臨如此重大的疾病，難免會心慌意亂。但經過練習『對自己誠實』，擺脫了心智的桎梏，並且承認所有頑強抵抗的情緒，看清楚這些情緒其實是源自於『我不接受』的心念所導致。對自己誠實，帶給我最明智的抉擇，甚至可以說逆轉了我的生命。」

我示意她繼續說下去，蘭姨懇切地說：「在練習『依順』之後，恐懼便忽然消失無蹤，似乎打從心底依順了，那件事便不會再困擾我，雖然罹患癌症心裡卻不再感到畏懼。開完刀後，我**靜靜地看著這件『發生』要帶給我什麼『啟發』**，我還記得您先前提過的『藤條』比喻，這確實是一個『示警』，告訴我該是正視自己內心的時候了。」

我問她說：「這場『發生』，帶給妳什麼樣的啟發？」

蘭姨答：「這個病，**沒有毀滅我，反而讓我重獲新生**。透過依順，讓我看到病痛只是警示，叮嚀著我過去未曾關注的精神狀態、睡眠品質，還有性格好強、壓抑等問題，啟發出另一個層次的人生觀和開闊心態，更可以說是遭遇重大意外卻產生了美好轉變，獲得一種『**深度的勇敢**』。**我認為所謂的成功，不是去達成某個理想，而是你能否依順任何『意外』的到來**，不放棄、不抵抗，處變不驚地開啟美好的下一頁。」

我問：「依順這個練習，有消極或認命的意味嗎？」

蘭姨說：「不是消極或認命，而是**順應事件變化的脈動，從中自然萌生深**

奧的智慧，讓挫折迎刃而解。比起我以往的努力奮鬥、逆流而上，依順更具威力，讓我快刀斬亂麻作出條理分明的決策，無負擔地去克服所有難題。」

「非常讚嘆！」蘭姨緊接著說。

我又問：「不依順挫折，導致厭惡、抗拒、恐懼、逃避等情緒，對妳又造成了什麼負面影響呢？」

蘭姨答道：「**反抗挫折，像是跟最佳合夥人拆夥**，一家發展強大的公司，如果因為股東們意見不合紛紛離去，遲早會面臨倒閉的窘境。一旦我選擇頑強抵抗內心產生的害怕、排斥、壓抑等情緒，就像是跟好股東拆夥一樣，切斷我所有的力量來源，接下來只能孤軍奮戰，這不是勇敢，而是愚蠢。」

我再問：「所以，依順像是什麼呢？」

蘭姨說：「當心靈安穩，不因情緒而內耗，合夥人就能整併所有的資源和人脈，更能發揮出最大力量，同心合力，其利斷金。」

我說：「**依順，超越了勇敢**。」

蘭姨說：「**勇敢只是帶著恐懼前進，依順則是化解一切問題**。就像一間公司最具有魄力的執行者，必然設法整合所有資源而非爭權奪利，或耍嘴皮子一味要求員工必須加油、努力。」

我讚賞地說：「妳比喻得太好了，趕緊再多敘述一些，讀者們等著看下去。」

蘭姨訝異地問：「什麼讀者？」

我說：「未來如果我出書，考慮把這段寫進書裡。」

蘭姨遲疑地說：「您……這是……？」

我說：「充滿智慧的蘭姨，又親身經歷過這一切，想請妳與更多人分享。」

蘭姨以肯定的語氣對我說：「好，我答應讓您寫進書裡，與有榮焉，可是務必要用化名。」

我說：「當然，我非常重視隱私，書稿完成後，會委請助理先傳給妳試閱。」

蘭姨又問：「應該不用寫推薦序吧？否則我的身分就曝光了。」

我說：「放心，出到那本書的時候，應該不用找人推薦了。」

蘭姨猶豫地說：「想到我即將成為書裡的角色，反倒一下子想不起來該怎麼說了。」

我安撫她說：「平常心，用『依順』成為書中的人物。」

蘭姨點了點頭，開心地說：「我現在每天早上起床都神采奕奕，朋友們都誤以為我又要抱孫了。」

我接著說：「那麼，我幫讀者提問一下，妳還有繼續跳章魚舞嗎？」

聽見我的問題，蘭姨忍不住大笑，說道：「剛開始養病的時候，還沒有把『依順』運用在強迫症上，所以舞還是照跳不誤。但令我印象深刻的是，某一天我靈機一動用依順這個心法去跳舞，動作竟然變得極其緩慢，雖然有繼續跳完，心情上卻出現大幅度的平緩。」

蘭姨接著說：「連續兩個多星期用慢動作跳舞之後，神奇的事發生了，我可以只跳完一半動作便能放過自己踏進浴室，讓我信心大增決定加碼練下去。某一天，我的雙腳踩在踏墊上，除了心跳加快以外，竟然完全不需要跳任何舞步，便能順利走進浴室洗澡了，當時的我非常驚喜又振奮。容許我補充一下，以往的我如果沒有跳完舞，是絕對不可能離開浴室前那個腳踏墊的。」

我說：「妳很為讀者著想，還想到要補充。另外，那五條大浴巾呢？」

蘭姨面露笑容說：「您的記憶力可真好！起初練習時，我依舊不受控制地摺了兩條浴巾，不過沒隔幾星期便完全放下，到目前為止都不會心悸，也沒有陰影。」

我開玩笑說：「妳只當財經專家真是暴殄天物，應該去電視購物頻道銷售產品才對。」

蘭姨以為自己聽錯，趕緊問說：「什麼？」

我說：「妳把『對自己誠實』和『依順』的練習過程敘述地如此仔細，像是購物天后大力推銷產品那般認真。」

蘭姨說：「我在這裡偷偷說，您可別寫進書裡去。雖然您是有醫學背景的導師，但剛開始我還是對『依順』這個說法半信半疑，聽起來像是自我催眠，因為以前上過太多心靈成長課，對很多事情都充滿質疑。但當時除了乳癌，精神科醫師也診斷我罹患『強迫症』和『恐慌症』，發作時的症狀是猛然感到一陣焦慮，極度恐慌，甚至有種強烈的死亡威脅感，覺得自己快要死了，又很像心臟病發作，嚇得我的管家趕緊打電話到救護中心求救。後來，只好勉為其難地把您的心法拿出來練習，愈練才愈發現這心法竟是如此神奇。」

我說：「人，總是在走投無路時，才會緊抓一個方法用心練習。」

蘭姨爽朗地說：「人嘛，不經一事不長一智。」

我說：「妳變得活潑、自信，有別於以往了。」

蘭姨說：「不瞞您說，我以前是個工作狂，又是嚴重的控制狂，自從接觸到依順的心法，對自己和外界都更加『友善』，這份愈來愈豁達的感受，更讓我願意持續修練下去。」

我說：「持續練習，妳會遇見及發現：每一次事件必然有個『**我**』在裡頭扮演著重要角色，它會給出不滿意、厭惡、煩躁等許多情緒反應；透過『**警**

覺』看到自己的心情起伏，展開『依順』練習，靜靜地看著心底產生的變化，甚至連衝突、牴觸、矛盾都誠實地去接受，容許自己擁有這些狀態。經過一次又一次的反覆接受，這份衝撞的力道便會逐漸遞減，也愈來愈能善待自己和周遭的一切。」

蘭姨動容地說：「您所形容的狀態，正是我這幾年邊養病邊修練的心得。」

我說：「一切，皆是『**因愛而勇敢**』。」

蘭姨說：「因為我珍惜自己、愛自己，所以願意積極面對、嘗試和練習，果真是因愛而勇敢。」

我說：「不愛自己的人，心裡只會感受到放棄、逃避，無法再給自己任何機會重新開始。」

蘭姨說：「這幾年持續修練下來的心得，印證了曾在典籍裡讀過孔子所說的：『佑者助也，天之所助者順也，人之所助者信也。』」

我說：「沒錯！」

蘭姨又說：「另外，什麼是最高維度的勇敢，您還沒跟我透露。」

我說：「**自然無為，是最極致的勇敢，終極地打破了思想、上下、強弱、進退等所有侷限，毋須勇敢而自然勇敢**。」

蘭姨問：「無為，不就會無所作為了嗎？」

我說：「單從字面去解讀的話，很容易對無為有所誤解。所謂的『**無為**』絕對不是什麼都不做或消極以對，而是自發自省，**順應自然規律行事，不對萬物加以干涉，也就是順物而為的意思**。」

蘭姨又問：「那麼，什麼是『自然』呢？」

我說：「我們暫且可以把『**順勢平衡**』稱作自然。把個人主觀想法強加於自然之上則是『有為』。」

蘭姨說：「如果『自然無為』是道家老子的精神思想，那麼，讓我猜猜看，『依順』便是無為的暖身作業。」

我點頭給予肯定說：「對！真不愧是歷經世事風風雨雨、別具智慧的蘭姨。」

蘭姨笑著說：「感謝您的稱讚。記得四年前您曾說過：『含德之厚，比於赤子。』所以，表裡合一是通俗的誠實，至於心靈合一，則是內心誠實。」

我說：「對，**內心誠實比起表裡合一，是更深一層的層次。**」

聽完這段話，蘭姨雙手合十誠懇地對我說：「感謝您！讓我穿越了陰霾，尋獲人生意義。」

勇敢小叮嚀

現實最大，依順生命中的「意外」，勇敢油然而生

一旦領會過山頂上的遼闊視野，體悟到河流蜿蜒順行的謙卑，便能明白：**縮小自己，縮小感受，膽怯便無從寄生，**願意選擇「再來一次」，勇敢地重新開始。

靜謐的夜晚，最適合用來沉澱自己。為自己把思緒的步調放慢，讓「平靜」吹散你無盡的傷感情緒，不再去緬懷追憶。美好的發生，總能帶給我們喜悅，但不幸的遭遇同樣也會牽動心緒，令我們黯然神傷。當你願意「**接受**」某個討厭的人事物，心才是柔軟而不委屈的。唯有卸下堅固的防禦堡壘，敞開心胸，依順每一個事件的發生，接受已發生的事實，認清「現實最大」，不試圖去抗拒、改變它，才能釐清雜亂又處處侷限的思維，探索自己內心深處真正的需求。

依順，是心智最初始的狀態，能讓你寧靜下來，內心安穩便擁有力量，油然而生的勇敢更將帶你展現生命的極致，走向一個遼闊境地，踏上一處山巔，恣意眺望遠方景色，用高維度視角俯瞰人生，所有的一切，勢必將在其中獲得全然釋懷。

真正的勇敢，毋須強逼自己、委屈妥協，也不是自我保護。真正的勇敢，來自於對自己誠實，既不是為了獲得認同而做給別人看的行為，也不是勉為其難的自我安慰，更不是掩飾脆弱的偽裝外衣。而勇敢的至高境界，則是能夠依順地接受任何「意外」的到來，無所畏懼，因為……「你」，是如此深愛著自己。

給摯愛的你：

還給自己一顆安穩的心，不畏懼外在變化，靜靜地看著所有發生；當我們依順了一切，將不再渴求他人欣賞，而是勇敢地綻放自我，如星星般熾然明亮。

——紫嚴

帶著愛，完成屬於你自己的幸福

「愛」摸不著，卻具有炙熱的溫度，在你我之間自然流動著；「愛」很特別，為了愛願意犧牲所有，在人與人之間奉獻感動著；「愛」是包容，因為愛就會全然接受，在今生人情關係中獲得圓滿。

愛，具有神奇的魔力，你愛上了什麼，就對它燃起熱情，你接受了什麼，它就不再阻撓你。

從童年到成長，從陌生到熟悉，我們在認識這個世界的過程中，有著許多值得回憶的風景。回歸到生命本質，會發現：**「愛自己」才能讓你真真切切地做回自己**，解開對自己的偏執，遇見自我特質，還原生活的繽紛色彩。

一件事令你感到愉悅，就認真感受它；一本書你認為值得閱讀，就用心品味它；一段時刻你覺得沉靜，就清閒地享受它。當你喜歡上自己，便不再害怕他人異樣的眼光，因為你非常清楚知道自己在做什麼、感受什麼，永遠都明白自己最真實的模樣。

閉上眼睛，深呼吸一口氣，讓心情歸於自然平靜。此刻，葉子從樹梢掉落，在風中舞動著最後的美麗身影。它的未來不是隨波逐塵，而是落葉歸根。世間凡事萬物都有注定的歸宿，飄落的樹葉歸於塵土，交還給大樹，來年夏天，將冒出新綠枝椏，在這個地方、這棵樹上，依然綠葉成蔭。

每個人的一生，都擁有獨一無二的旅程，或精彩、或平淡，或艱難、或容易，或勇敢、或膽怯，看似跌跌撞撞，也總能成就獨特而燦爛的一生。倘若，你誤將奮鬥之美「寄人籬下」，仰賴他人認同來定義自我價值，咀嚼著外界給予評價當中的甜蜜與苦澀，那麼，你的心將如地面上的枯草，找不到一絲生機。渴望別人肯定的「乞求」，宛如冷冽冬風，鑽進人的心窩，令花兒謝了、水凍結了，一切彷彿都停止了，失去原有的溫暖與朝氣。

經歷所有的喧囂浮躁後，當心平靜下來，便會發現：天還是那麼蔚藍，水還是那麼清澈。逝去的是難以再來的歲月，以及無止盡的等待，枯等著他人來肯定自己，想成為被捧在掌心呵護的公主或王子，想當個人人稱羨的成功人士，另一方面，卻把快不快樂的權力交由別人決定，任何不經意的批評便能輕易奪走你的快樂，這，才是最可怕的孤寂。

沒有人能以完美姿態來到這世界。人的一生，必然要歷經挫折、劫難，在愛恨交織中包容，在成敗得失中淬鍊，在浮沉起落中豁達，不再為了別人變得耀眼奪目，而是讓種種經驗成為滋長你的養分，透過遭遇打擊、退縮、停下腳步、沉澱、重新再開始……等過程往復，一步步拉近和自己之間的距離，漸漸地去**完整自己**。

也許，你只渴望「被呵護」、「被理解」，希望他人積極給予無微不至的照顧，這麼一來，便能兩手一攤輕鬆快活。但一朵花倘若盡失水分、缺乏朝氣，始終等待著他人照料，即便園丁再有耐性也難以負荷這般重任。若花兒自身失去力量，終將錯過盛放、枯萎凋零，無法彰顯自己的美麗。由此可見，仰仗他人之力終究不牢靠，不如，先從呵護自己開始著手。

今生最有價值的一件事，是卸下在乎他人的期待與自我加諸的重擔，**願意把自己視為「最重要的人」**更勝於至親，真正「做回自己的歸宿」。因為，海水從不為了誰而湛藍，大樹不因為誰而茁壯，小草亦不是為了誰而萌發。先成就自己存在的精神，才能找到屬於自己的樣貌；**先拾回「愛」的原有模樣，才會擁有「去愛」的勇敢**。把自己視為最重要的人，投入更多的等待醞釀熟成，對自己永不否定，這樣的肯定是一種無價的信任，更將成為你與世界之間的橋樑。

人生，經常在第一次嘗試某件事時，容易遭遇巨大的挫折，也可能在過程中犯下嚴重失誤，掙扎著是否該繼續前進。也許你真的很害怕，不知如何面對內心強烈的恐懼，甚至不斷告訴自己應該要放棄。但其實，**所謂的勇者，是在不斷經歷挫折、一次次倒退後再前進，**前進後被逼退，而後又再前進的過程裡，**憶起與生俱來的勇敢，直到戰勝心中畏懼，懂得相信自己**。在這樣的過程中，會發現：愈信任自己，對於生命愈加篤定，更能帶領你尋覓到久違的自己，確信自我存在的價值和意義，進而拾回誤以為已經失去的勇氣，最終，**與充滿無限可能的自己相遇。**

每一個人，都是懷抱著勇敢再次抵達這世界，期待用「愛」來圓滿自己。既然這是你選擇的夢想，不論遭遇到什麼，就該勇往直前地去完成它。當你願意邁出步伐奮力前進，那，正是信任自己的表現。要記得，成功者之所以雀躍，不是因為贏得了多少掌聲，而是穿越一道道難關後，印證了「我可以」、「我更愛自己了」等信念，對自己充滿信心與力量，獲得了這份「篤定」，對未來不再畏懼而愈發勇敢。

因為愛，無所畏懼

有句俗話說：「為母則強。」許多原本連抽血都不敢直視的女人，卻願意承受撕心裂肺的分娩痛楚，只為生下自己的寶貝。當媽媽以前，拿個東西就嫌重，為人母後，卻能一手抱孩子、一手拿起裝滿嬰兒用品的媽媽包也不喊累；原本喜歡睡到自然醒、總是愛賴床，當媽媽後為了照顧剛出生的寶貝，每天甘願只睡短短幾小時；擔心孩子接觸灰塵會過敏，即便婚前個性大剌剌也會化身成潔癖魔王，百般細心維持居家整潔；甚至，連上廁所、洗澡都不關門，只因心繫暫時離開視線的孩子，時刻免不了安全上的顧慮。當媽媽之後，看的、想的、做的事都和沒生小孩前大不相同，任何事都能因為孩子而讓步。母親這個角色，讓人變得更勇敢、強大，一切，皆是因為「愛」。

所以，真正的勇敢，並非由外在行為來定義，而是**內心力量的展現**，一種由內而外流露出的堅強意志力。既然指的是內心力量，主導者當然不是每天早上刷牙時站在鏡子前那個「外在」的你，而是會展露微笑或陷入哀愁，兼具脆弱與強大不同面向，「內在」那個真正的你。至於決定內在的你會「成為什麼」的根源，則是「愛」。

當你「不愛」了，將自此失去所有維繫，沒有任何力量更「無法」勇敢。

當你「不愛」某個人了，無論他發生什麼事，你也不再牽掛，待在對方身邊時無法讓你感到愉快，甚至覺得厭煩；每一通他的來電，都使你倍感壓力，給出千百個理由或藉口，只為了想儘早與他切割，轉為陌生人的關係；一旦不愛了，就是如此冷淡和絕情。

當你不愛「自己」了，就跟不愛某個人一樣。對於內心發生的衝突、糾結不願理會，只想隨著心情四處漂泊，丟棄了理想，走上一條連自己也不願意走的路。把自我價值放在他人的評論上，若是負面，便否定自己，若是正面，才勉強認同自己。滿心蒼涼的你不再具有任何力量，拒絕為自己做出什麼改變，對人生感到失落、疲憊，每下一個決定總是艱難不已，不時感到焦慮、擔憂、脆弱、膽怯，又得強打起精神說服自己要努力、要勇敢；腦袋存放著堆積如山的想法，卻遲遲無法跨越那一步，害怕失敗，擔心被拒絕、否定或取笑，那雙羽翼已被折損，無法在天空自在翱翔。一旦不愛自己了，是多麼無助又失意。

不愛了，會切割、會推卸、會遠離，不論是針對某個人或自己。沒了愛，我們將頓失任何力量，甚至會把內心脆弱的一面隱藏起來，自此見不到陽光，整個世界也轉為黑暗。

你「愛上」什麼，就會對什麼有力量，緊緊維繫著你所深愛的，自然而然地「勇敢」。

相反的，當你「愛上」某一個人，就能讓你全心奉獻，時時刻刻掛念他是否同樣思念著你，甚至連思想、行為、喜好都會受到對方的影響。不論怎麼看，他的樣貌都是最美好的，欣賞對方的優點、接納對方的缺點，處處充滿包容呵護。一旦沉浸在愛裡，便會覺得他是如此獨特，對深愛的人經常懷抱憐惜之情，時不時為對方著想，形成密不可分的關係。一旦愛上了，就是這麼甜蜜而貼心。

當你愛上了「自己」，亦會和愛上某個人一樣。你會懂得將每個時刻的心情分成不同段落，編入自己喜歡的模式隨時轉換，常保輕鬆、平靜，全然接受情緒，順應環境事物變化，徹底「依順」內心與外界發生的各種情境，不再與之對立，也不試圖控制不能掌控的人事物。落實區域劃分，承擔起所屬責任區域內的困擾，但不委屈自己處理區域以外的問題；中肯地評價自己、信任自己；培養興趣，讓生活擁有更多彈性和學習；同時，每天留些時間和自己獨處，試著傾聽內心的聲音，從中了解自我真正的渴望。

依賴「信任」，將使自己變得更獨立且愈加完整，如同把自己放在幸福的花園裡自在生長，讓愉悅持續澆灌你的熱情，久而久之，所有事物將自然融合，不再分離，進而賦予自己至高的價值，讓「愛」在其中持續綻放盛開。

「愛上了」，是最美的詞彙，無論是對於某個人或對自己，一切，似乎都顯得分外甘甜。當你真切地愛上自己，宛如和煦陽光普照大地，各式各樣的花朵將自此甦醒，爭先恐後恣意怒放，呈現繁花錦簇、五彩繽紛的美麗景象。唯有你見得到陽光，整個世界才充滿了光采。

勇敢的力量根源，來自於「愛」；遇到愛，心底的刺便開成了一樹菩提。

你有多愛自己，就有多勇敢。當你願意把心力完全交付給自己，因愛而信任，便能超越一切創傷、恐懼、脆弱。雖然**我們無法控制事情如何發生，但可以選擇怎麼面對**。過往的種種不需要療癒，只須讓過去的留在過去，因為接受，就能讓它過去。在愛的面前，傷心、絕望、痛苦化為輕拂過綠葉的微風，變得格外溫柔；在愛之中，陰影、排擠、憤怒、羞愧成了滂沱大雨後的晴空，像重新被刷洗過一般，湛藍得令人心曠神怡。愛，永遠給足失望的人勇氣，得以盡情展望未來，實踐夢想。

生命最值得的「旅行」，是從「內心」開始出發。從鏡中虛幻的「我」探尋到精神層次真實的「我」，再到愛上這個「我」，最後因「愛」而勇敢。

與其學習勇敢，不如打破「想要」勇敢的「框架」，練習如何「去愛」，從中破繭而出。勇敢，並非扭轉恐懼然後勇往直前，而是發揮出內在愛的力量，勇於展現屬於自己的耀眼。

勇敢力量的修練，具有不同的層次，在不同層次之中，所見到的人生風景也不盡相同。內心力量的修練，是為了能完整表達愛，這也是為何人們會因愛而勇敢的原因。

讓遇見的每一件事成為一本書，一次的閱讀；讓遇見的每一個人成為一個體驗，一次的學習。即使受點傷也沒關係，因為，每道傷口彷彿是一扇窗，得以透進如陽光般燦亮的愛，讓你重新看見希望。

撰寫至此，感動與不捨交織湧現，淚水正在濕潤的眼眶裡打轉……

只願你，信任自己、憶起勇敢，愛上未來的每一天。

給摯愛的你，唯有真正去「愛」，才能遇見真正的「勇敢」！

我，會陪著你一起走……

——紫嚴

2AF717

勇敢層級

用你喜歡的方式，
活出你自己

作　　者　紫嚴導師
責任編輯　温淑閔
主　　編　温淑閔
文字協力　陳宜、張佩玉
插圖繪製　鄭小茜
攝　　影　林昭宏攝影工作室
設　　計　小美事設計侍物

行銷企劃　辛政遠、楊惠潔
總 編 輯　姚蜀芸
副 社 長　黃錫鉉

總 經 理　吳濱伶
發 行 人　何飛鵬
出　　版　創意市集

發　　行　城邦文化事業股份有限公司
歡迎光臨城邦讀書花園 網址：www.cite.com.tw

香港發行所　城邦（香港）出版集團有限公司
香港灣仔駱克道 193 號東超商業中心 1 樓
電話：(852) 25086231
傳真：(852) 25789337
E-mail：hkcite@biznetvigator.com

馬新發行所　城邦（馬新）出版集團 Cite (M) Sdn Bhd
41, Jalan Radin Anum, Bandar Baru Sri Petaling,
57000 Kuala Lumpur, Malaysia.
電話：(603) 90578822　傳真：(603) 90576622
E-mail：cite@cite.com.my

客戶服務中心　10483 台北市中山區民生東路二段 141 號 B1
服務電話　(02)2500-7718~9
服務時間　週一至週五 9:30～18:00
24 小時傳真專線　(02)2500-1990~3
電子郵件　service@readingclub.com.tw

※ 詢問書籍問題前，請註明您所購買的書名及書號，以及在哪一頁有問題，以便我們能加快處理速度為您服務。※ 我們的回答範圍，恕僅限書籍本身問題及內容撰寫不清楚的地方，關於軟體、硬體本身的問題及衍生的操作狀況，請向原廠商洽詢處理。※ 廠商合作、作者投稿、讀者意見回饋，請至：FB 粉絲團 · http://www.facebook.com/InnoFair　E-mail 信箱 · ifbook@hmg.com.tw

印　　刷　凱林彩印股份有限公司
出版日期　2019 年（民 108）12 月　初版26刷
定　　價　340 元
Printed in Taiwan

國家圖書館出版品預行編目（CIP）資料

勇敢層級：用你喜歡的方式，活出你自己 / 紫嚴導師著. -- 初版. -- 臺北市：創意市集出版：家庭傳媒城邦分公司發行, 民 108.12　面；　公分 ISBN 978-957-9199-73-5(平裝)1. 人生哲學 2. 通俗作品　191.9
108016808